新时代高质量发展丛书

重点生态功能区转移支付对绿色可持续发展的影响研究

以江西省为例

金声甜◎著

IMPACT OF TRANSFER PAYMENT IN KEY ECOLOGICAL
FUNCTION AREAS ON GREEN SUSTAINABLE DEVELOPMENT
Take Jiangxi Province as an Example

本书获得国家社会科学基金青年项目"乡村振兴视域下乡村人居环境与居民福祉适配机制研究"（项目编号：22CJY048）的资助

经济管理出版社
ECONOMY & MANAGEMENT PUBLISHING HOUSE

图书在版编目（CIP）数据

重点生态功能区转移支付对绿色可持续发展的影响研究：以江西省为例/金声甜著. —北京：经济管理出版社，2022.6

ISBN 978-7-5096-8495-5

Ⅰ.①重… Ⅱ.①金… Ⅲ.①财政转移支付—影响—绿色农业—农业可持续发展—研究—江西 Ⅳ.①F323

中国版本图书馆 CIP 数据核字（2022）第 099577 号

组稿编辑：李红贤
责任编辑：李红贤　康国华
责任印制：黄章平
责任校对：张晓燕

出版发行：经济管理出版社
　　　　　（北京市海淀区北蜂窝 8 号中雅大厦 A 座 11 层　100038）
网　　址：www.E-mp.com.cn
电　　话：（010）51915602
印　　刷：唐山玺诚印务有限公司
经　　销：新华书店
开　　本：720mm×1000mm/16
印　　张：10
字　　数：160 千字
版　　次：2022 年 11 月第 1 版　　2022 年 11 月第 1 次印刷
书　　号：ISBN 978-7-5096-8495-5
定　　价：68.00 元

前　言

自工业革命以来，科技水平不断提高，人类利用自然和改造自然的能力也在不断增强，社会生产力快速发展。但是在经济快速发展的过程中，人类忽视了生态环境的自然承载力，自然资源的过度利用及污染物的过度排放导致生态环境遭受巨大破坏，引发全球性的生态危机。温室效应、酸雨、草场退化、土壤侵蚀和沙漠化等给人类的生存和发展带来了巨大威胁，迫使人们去寻找一条经济、社会、环境相协调的可持续发展道路。

国家重点生态功能保护区是指对保障国家生态安全具有重要意义，需要国家和地方共同保护和管理的生态功能区域。目前，重点生态功能区的生态优势难以转化为经济优势，导致经济发展受阻。因此，为了实现重点生态功能区环境保护和经济发展的双重目标，推进生态文明建设，在其提供生态产品的功能定位下，必须开辟绿色产业，发展绿色经济，走绿色可持续发展之路。

财政支持或政策是促进绿色可持续发展的有效手段。为了有效引导重点生态功能区所在区域的地方政府加强环境保护，改善民生，促进环境和经济协同发展，我国建立了重点生态功能区转移支付制度。该项转移支付制度是生态补偿政策和转移支付政策的有机结合，虽然具有环境保护的政策目标，但属于大口径的均衡性转移支付，中央政府不规定资金的特定用途，地方政府在使用上有较大的自主性。作为目前我国规模最大的区域生态补偿政策，重点生态功能区转移支付在绿色可持续发展领域发挥了哪些作用？是否有效促进了绿色可持续发展？其政策效应和资金规模效应程度如何？为了回答上述问题，本书基于江西省是国家生态文明试验区的四个省份之一,在山、水、林、田、湖、草等方面具有很强的生态比较优势,是著名的革命老区和欠发达地区,将江西省作为样本来源以及现实案例,运用理论分析和实证研究两种方法,探究重点生态功能区转移支付对绿色可持续发展的影响,为促进绿色可持续发展,实现经济可持续发展和生态产品可持续供应,大力推进生态文明建设提供有益的研究成果和可供参考的政策建议。本书共分为七章,具体研究内容如下:

第1章,绪论。深入剖析了本书的选题背景和意义,并介绍了本书的研究内容、研究方法、技术路线和研究创新。

第2章,概念界定及文献综述。梳理、总结现有关于绿色可持续发展、财政转移支付的减贫效应及重点生态功能区转移支付的相关研究,指出现有研究的不足及可进一步研究的空间。

第3章,重点生态功能区转移支付对绿色可持续发展影响的理论分析。分析重点生态功能区转移支付对绿色可持续发展的作用机理,并提出研究假说。结果表明:重点生态功能区转移支付可以通过直接补贴低收入居民、促进生态产业发展等方式促进经济发展;通过增加社会支出,提高公共服务供给水平;通过增加环境保护支出,加强环境治理,并通过加大工业生产监管、优化产业结构,减少污染物的产生,从而改善生态环境质量;经济发展、公共服务供给和环境保护之间会相互影响。

第4章,江西省绿色可持续发展指数的测算及分析。从经济发展、公共服务供给和环境保护三个维度构建绿色可持续发展指标体系,测算江西省80个县(市、区)2001~2018年的绿色可持续发展指数及三个分维度指数,并分析它们的时空差异。结果表明:江西省绿色可持续发展指数和三个分维度指数均总体上升,但区域分化明显。

第5章,重点生态功能区转移支付对绿色可持续发展指数的影响。以重点生态功能区转移支付政策作为外生冲击,构造准自然实验,并以江西省80个县(市、区)2001~2018年的数据为样本,运用多期双重差分模型探究重点生态功能区转移支付政策对绿色可持续发展指数的影响；然后以江西省 60 个享受重点生态功能区转移支付地区 2009~2018 年的数据为样本，运用面板数据回归模型分析转移支付规模对绿色可持续发展指数的影响。结果表明：重点生态功能区转移支付政策对绿色可持续发展指数的影响显著为正，并且促进作用存在持续性，政策实施时间越长，促进作用越明显；重点生态功能区转移支付规模对绿色可持续发展指数有显著的正向线性作用，转移支付规模越大，绿色可持续发展指数越高。

第 6 章，重点生态功能区转移支付对绿色可持续发展分维度指数的影响。运用计量模型探究重点生态功能区转移支付政策和规模对经济发展指数、公共服务指数和环境保护指数的影响，并构建联立方程模型分析经济发展、公共服务供给和环境保护之间的交互影响效应。多期双重差分模型的结果表明：重点生态功能区转移支付政策对经济发展指数、公共服务指数和环境保护指数均具有显著的正向影响。面板回归模型结果表明：经济发展指数与转移支付规模呈倒"U"形关系，转移支付规模对公共服务指数和环境保护指数均具有显著的正向影响。联立方程模型回归结果表明：经济发展和公共服务供给之间存在显著的相互促进关系；经济发展和环境保护之间存在显著的相互促进关系；公共服务供给和环境保护之间存在显著的相互抑制关系。

第 7 章，研究结论、政策建议与研究展望。归纳总结本书的研究结论，提出完善重点生态功能区转移支付制度和促进绿色可持续发展的政策建议，主要包括七个方面：①支持重点生态功能区转移支付政策长期实施；②适度扩大重点生态功能区转移支付补助力度和补助范围；③完善对转移支付资金的监督考核及激励约束；④规范转移支付资金使用用途；⑤有机结合其他转移支付合力，促进绿色可持续发展；⑥建立以项目合作和劳务输出为主要途径的横向生态补偿机制；⑦立足生态优势和资源禀赋，发展特色生态产业。

目　录

第1章

绪 论

1.1 研究背景

自工业革命以来，科技水平不断提高，人类利用自然和改造自然的能力也在不断增强，社会生产力得到快速发展。但是在经济快速发展的过程中，人类忽视了生态环境的承载力，自然资源的过度利用及污染物的过度排放导致生态环境遭受巨大破坏，引发全球性的生态危机。温室效应、酸雨、草场退化、土壤侵蚀和沙漠化等给人类的生存和发展带来了巨大威胁，迫使人们去寻找一条经济、社会、环境相协调的可持续发展道路。

绿色可持续发展作为新的经济增长模式，是指既满足当代人发展需求又不牺牲后代发展机会的发展模式，可持续的发展模式能够有效解决当前经济、社会、环境等发展过程中存在的不平衡、不协调问题。1987年，世界环境与发展委员会发布《我们共同的未来》，首次提出人类发展必须走可持续发展道路。2015年，联合国可持续发展峰会通过了《2030年可持续发展议程》，进一步强调生态与经济、社会共同作为可持续发展的支柱地位。我国政府高度重视生态文明建设和绿色可持续发展。党的十八大报告首次提出"推进绿色发展、循环发展、低碳发展"和"建设美丽中国"蓝图。党的十九大报告进一步全面阐述了加快生态文明体制改革、建设美丽中国的战略部署。2020 年，我国在联合国大会上提出二氧化碳排放力争于 2030 年前达到峰值，努力争取 2060 年前实现碳中和。

国家重点生态功能保护区是指对保障国家生态安全具有重要意义，需要国家和地方共同保护和管理的生态功能区域，需要在国土空间开发中限制进行大规模、高强度的工业化和城镇化开发，以保持和提高生态产品供给能力。目前，重点生态功能区的生态优势难以转化为经济优势，导致经济发展受阻。因此，为了实现重点生态功能区环境保护和经济发展的双重目标，推进生态文明建设和共同富裕，在其提供生态产品的功能定位下，必须开辟绿色产业，发展绿色经济，走绿色可持续发展之路。

财政支持或政策是促进绿色可持续发展的有效手段。为了有效引导重点生态功能区当地政府保护环境和改善民生，促进经济社会可持续发展，我国建立起了重点生态功能区财政转移支付制度。国家重点生态功能区转移支付是生态补偿政策和转移支付政策的有机结合，虽然具有环境保护的政策目标，但属于大口径的均衡性转移支付，中央政府不规定资金的特定用途，地方政府在使用上有较大的自主性。作为目前我国规模最大的区域生态补偿政策，重点生态功能区转移支付在绿色可持续发展领域发挥了哪些作用？是否有效促进了绿色可持续发展？其政策效应和资金规模效应程度如何？为了回答上述问题，本书利用理论分析和实证研究两种方法，对重点生态功能区转移支付对绿色可持续发展的影响进行了深入研究，为推动重点生态功能区绿色可持续发展提供了有益的研究成果和可供参考的政策建议。

江西省是国家生态文明试验区建设的四个省份之一（福建、江西、海南和贵州），在山、水、林、田、湖、草等方面具有很强的生态比较优势。同时，江西省是著名的革命老区和欠发达地区，区域发展不均衡（匡小平和谈慧娟，2020）。2018 年，国家给予江西省重点生态功能区转移支付金额高达 25.68 亿元。因此，以江西省为研究对象，研究我国重点生态功能区转移支付对绿色可持续发展的影响，具有一定的代表性和说服力。

1.2 研究意义

既要发展经济，又要保护环境，是重点生态功能区的热点研究课题。在其提供生态产品的功能定位下，为了提高经济发展水平，缩小与发达地区的经济发展差距，必须开辟绿色产业，发展绿色经济，走绿色可持续发展之路。重点生态功能区转移支付是国家弥补重点生态功能区政府财力不足，在财力上支持重点生态功能区保护环境、改善民生的最直接有效的手段，为推动生态价值转化，促进重点生态功能区绿色可持续发展，保障重点生态功能区战略有效实施提供了财力保障。因而，研究重点生态功能区转移支付对促进绿色可持续发展的影响，在理论和实践方面都具有重要意义。

1.2.1 理论意义

拓展了研究视角。通过对相关文献的梳理和分析可以看出，大多数学者从环境保护视角分析重点生态功能区转移支付，也有少数学者从经济发展、公共服务视角研究重点生态功能区转移支付，但尚未有学者从绿色可持续发展的视角研究重点生态功能区转移支付。因此，本书将研究视角拓展到绿色可持续发展层面，进而开展重点生态功能区转移支付对绿色可持续发展的探究。

扩充了绿色可持续发展的内涵。本书基于我国已实现全面脱贫，进入推进共同富裕的新发展阶段，重新界定绿色可持续发展的内涵，结合江西省实际情况，构建绿色可持续发展评价指标体系，使其更加全面、科学。

丰富了有关理论研究。本书从经济发展、公共服务、环境保护三个维度探究重点生态功能区转移支付对绿色可持续发展的作用机理以及三个维度的相互作用机理，是对已有研究的进一步拓展，可以为这一领域的后续研究提供理论参考。

1.2.2 现实意义

为完善重点生态功能区转移支付制度提供参考。本书运用理论分析和实证研究两种方法，研究重点生态功能区转移支付对绿色可持续发展的影响，基于分析结果提出有针对性的政策建议，为完善重点生态功能区转移支付制度提供参考。

为全面提升江西省绿色可持续发展水平提供参考。运用计量模型，实证研究重点生态功能区转移支付政策和规模对绿色可持续发展的影响和对绿色可持续发展各分维度的影响，不仅有利于完善重点生态功能区转移支付制度，更能为全面提升江西省绿色可持续发展水平提供参考，从而实现经济可持续发展和生态产品可持续供应。

有助于同类区域应用推广转移支付。江西省是首批国家生态文明试验区，生态资源丰富，拥有 26 个国家级重点生态功能区，把江西省作为样本来源以及现实案例，探究重点生态功能区转移支付对绿色可持续发展的影响，不仅有利于促进江西省绿色可持续发展，而且有助于同类区域应用推广转移支付，推动生态文明建设和共同富裕两大政策目标的实现。

1.3　研究内容

本书旨在研究重点生态功能区转移支付对绿色可持续发展的影响，实现经济可持续发展和生态产品可持续供应，推进生态文明建设和共同富裕。具体研究内容如下：

第 1 章：绪论。深入剖析了本书的选题背景和意义，并介绍了本书的研究内容、研究方法、技术路线和创新点。

第 2 章：概念界定及文献综述。梳理、总结现有关于绿色可持续发展、财政转移支付的减贫效应及重点生态功能区转移支付的相关研究，指出现有研究的不足及可进一步研究的空间。

第 3 章：重点生态功能区转移支付对绿色可持续发展影响的理论分析。首先，探究重点生态功能区转移支付对绿色可持续发展三个维度的作用机理，以及三个维度之间的相互作用机理；其次，对重点生态功能区转移支付对绿色可持续发展的作用路径进行解构；最后，借助无差异曲线这一经济学工具，分析重点生态功能区转移支付政策下地方政府的行为选择，探讨重点生态功能区转移支付对绿色可持续发展的影响方向，并提出研究假说。

第 4 章：江西省绿色可持续发展指数的测算及分析。从经济发展、公共服务供给和环境保护三个维度构建绿色可持续发展指数评价指标体系，测算江西省 80 个县（市、区）2001~2018 年的绿色可持续发展指数及三个分维度指数，并分析它们的时空差异。

第 5 章：重点生态功能区转移支付对绿色可持续发展指数的影响。以重点生态功能区转移支付政策作为外生冲击，构造准自然实验，并以江西省 80 个县（市、区）2001~2018 年的数据为样本，运用多期双重差分模型实证分析重点生态功能区转移支付政策对绿色可持续发展的影响；以江西省 60 个享受重点生态功能区转移支付地区 2009~2018 年的数据为样本，运用面板数据回归模型分析转移支付规模对绿色可持续发展的影响，并进行一系列稳健性检验。

第 6 章：重点生态功能区转移支付对绿色可持续发展分维度指数的影响。分别运用江西省 80 个县（市、区）2001~2018 年的面板数据和江西省 60 个享受重点生态功能区转移支付县（市、区）2009~2018 年的面板数据构建计量模型，实证研究重点生态功能区转移支付政策和规模对经济发展、公共服务供给和环境保护的影响，并构建联立方程，探究经济发展、公共服务供给和环境保护之间的交互影响效应。

第 7 章：研究结论、政策建议与研究展望。归纳总结本书的研究结论，提出完善重点生态功能区转移支付制度和促进绿色可持续发展的政策建议，以期为实现经济可持续发展和生态产品可持续供应，推动生态文明建设和共同富裕提供借鉴，并对后续研究进行展望。

1.4　研究方法与技术路线

1.4.1　研究方法

本书主要采用比较分析、定性分析与定量分析相结合、理论分析与实证检验相结合的方法，深入系统地研究了重点生态功能区转移支付对绿色可持续发展的影响。

（1）比较分析法。在第4章江西省绿色可持续发展指数的时空差异分析部分，本书从时间纵向差异性、区域横向差异性两个方面对绿色可持续发展指数进行了比较分析，并分析了绿色可持续发展指数区域差异的长期演化趋势。

（2）定性分析与定量分析相结合的方法。本书不仅对重点生态功能区转移支付给予绿色可持续发展的影响进行了定性分析，而且还对绿色可持续发展指数及三个分维度指数的变动趋势、重点生态功能区转移支付政策和规模对绿色可持续发展指数及绿色可持续发展各分维度指数的影响程度及方向进行了定量描述。

（3）理论分析与实证检验相结合的方法。本书通过阅读大量文献，科学地定义了绿色可持续发展的内涵，提炼出了衡量绿色可持续发展水平的关键维度，探究了重点生态功能区转移支付对绿色可持续发展的作用机理，进一步采用计量模型实证检验了重点生态功能区转移支付政策和规模对绿色可持续发展指数和绿色可持续发展各分维度指数的影响，并探究了经济发展、公共服务供给和环境保护之间的交互影响效应,具体内容包括:①以重点生态功能区转移支付政策作为外生冲击,构造准自然实验,并以江西省 80 个县(市、区)2001~2018 年的数据为样本,运用多期双重差分模型实证检验该政策对绿色可持续发展指数及各分维度指数的影响;②以江西省 60 个享受重点生态功能区转移支付地区 2009~2018 年的数据为样本,运用面板数据回归模型实证检验转移支付规模对绿色可持续发展指数及各分维度指数的影响;③构建联立方程实证检验经济发展、公共服务供给和环境保护之间的交互影响效应。

1.4.2 技术路线

基于上述研究内容,本书将按照以下技术路线展开(见图 1-1):

(1)梳理国内外现有的关于绿色可持续发展和重点生态功能区转移支付的研究,提出现有研究的不足及可进一步研究的空间。

(2)理论分析重点生态功能区转移支付对绿色可持续发展的作用机理,并提出研究假说。

(3)运用变异系数法和熵权法测算江西省 80 个县(市、区)2001~2018 年的绿色可持续发展指数,并分析其时空差异。

(4)采用多期双重差分模型分析重点生态功能区转移支付政策对绿色可持续发展指数的影响,采用面板数据回归模型分析重点生态功能区转移支付规模对绿色可持续发展指数的影响。

(5)依次检验重点生态功能区转移支付政策和规模对经济发展指数、公共服务指数和环境保护指数的影响,并构建联立方程,检验经济发展、公共服务供给和环境保护之间的交互影响效应。

(6)根据上述研究成果,提出完善重点生态功能区转移支付制度和促进绿色可持续发展的政策建议。

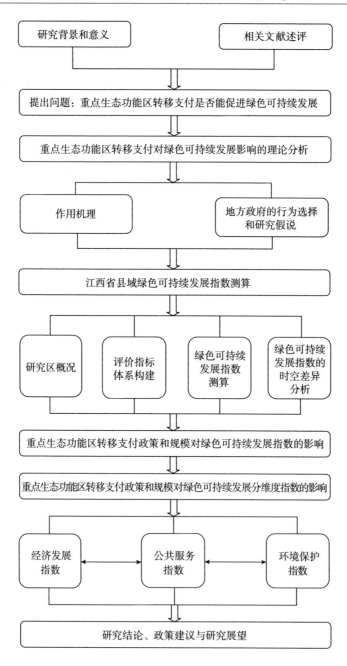

图1-1 本书的技术路线

1.5　创新点

本书的创新性主要体现在以下几个方面：

第一，进一步拓展和充实重点生态功能区转移支付制度的理论体系。本书在前人研究的基础上，从绿色可持续发展的视角研究重点生态功能区转移支付，分析重点生态功能区转移支付对绿色可持续发展、经济发展、公共服务供给和环境保护的影响，充分考虑了重点生态功能区与经济欠发达地区重叠的特点，有利于促进重点生态功能区经济和环境协同发展，实现经济可持续发展和生态产品可持续供应。

第二，基于生态文明建设和共同富裕两大政策目标，重新界定绿色可持续发展的内涵，提炼出衡量绿色可持续发展水平的经济发展、公共服务供给和环境保护三个关键维度，并结合江西省生态资源丰富、经济欠发达的特点，构建江西省绿色可持续发展指标体系。因此，本书构建的江西省绿色可持续发展指标体系与现有的绿色可持续发展指标体系有一定差异。

第三，揭示了重点生态功能区转移支付对绿色可持续发展的作用机理。现有研究大多仅探究重点生态功能区转移支付对环境保护的作用机理。本书在第 3 章中分析了重点生态功能区转移支付对绿色可持续发展三个维度的作用机理，以及三个维度之间的相互作用机理，并对作用路径进行了解构。在此基础上进一步运用无差异曲线这一经济学工具，分析了重点生态功能区转移支付政策下地方政府的行为选择，探讨了重点生态功能区转移支付对绿色可持续发展的影响方向。

第❷章
概念界定及文献综述

2.1 概念界定

2.1.1 绿色可持续发展

全球环境问题日益严峻,不但威胁着人类生存,而且严重制约着社会经济发展。联合国环境规划署、国际环境情报网等环保组织的成立,使绿色环保和可持续发展的思想日益深入人心。当前,学术界对可持续发展的概念界定并未达成一致,最为大家熟知的是 1987 年《布伦特兰报告》提出的"既满足当代人需求,又不损害后代人满足其自身需求的能力"。Giddings 等(2002)指出,可持续发展是一个模糊的概念,可以形成不同的衍生物。故而,可以根据社会不同发展阶段的需要,赋予可持续发展不同的内涵。

加强生态文明建设、走共同富裕之路,是我国当前的重大发展战略。基于此,本书认为,在生态文明理念得到普遍重视的当今,经济发展必然要和生态保护同频共振,绿色可持续发展要以绿色发展理念为指导,不断拓宽就业渠道和收入来源,提高中低收入居民的收入水平和内生动力,促进经济、社会、环境协调发展。根据绿色可持续发展的内涵,衡量绿色可持续发展的关键维度主要包括经济维度、社会维度、环境维度。

2.1.1.1 经济维度

经济发展水平的提高是促进可持续发展的内在动力，对经济发展水平的测度是衡量绿色可持续发展的首要条件。我国 2020 年已实现全面脱贫，但发展不平衡不充分问题依然突出，地区发展差异和城乡收入差距仍然存在。因此，在测度区域经济发展程度时，不仅选取了人均 GDP、人均居民储蓄存款余额及人均居民贷款余额等指标反映地区经济发展水平，还选取城乡收入差距比、区域农村居民纯收入相对于全国平均水平及区域城镇居民人均可支配收入相对于全国平均水平等指标来反映城乡居民收入差距。

2.1.1.2 社会维度

社会发展因素关系着人们的切身利益，也是衡量可持续发展水平的重要方面，这类因素包括交通、教育、医疗、社会保障等与居民生活密切相关的各个方面。交通与人们的生活水平息息相关；教育既可以为经济发展储备必需的科技人才，又可以提高社会人口素质；医疗卫生和社会保障关系着人们的福利和生存问题。各项社会发展因素水平的高低直接反映了人类生存和发展所具备的社会条件，体现了社会可持续发展的程度。其中，反映社会发展水平的指标主要有每万人口中小学在校学生数、每万人口医疗卫生机构床位数、每万人口福利机构床位数及城乡基本医疗保险参保率等。

2.1.1.3 环境维度

在我国传统的粗放型发展模式下，经济快速发展，居民收入水平大幅提高，但同时也给生态环境造成了一定的破坏，引发了温室效应、酸雨、土壤侵蚀和沙漠化等问题，给人类生存和健康带来潜在威胁，也不利于经济的可持续发展。基于此，我国急需注重环境保护，集约利用土地，保护耕地，限制高能耗、高污染、高排放企业，重点发展生态产业，同时加大环境保护力度，改善环境质量，促进环境保护和经济发展同频共振。反映环境保护程度的指标有单位耕地面积化肥施用量、PM2.5 降低率、工业二氧化硫排放量降低率、人均水资源量、森林覆盖率及人均森林面积等。

2.1.2 重点生态功能区转移支付制度

2010 年国务院发布《关于印发全国主体功能区规划的通知》（国发〔2010〕46 号），按开发方式将国土空间划分为优先开发区域、重点开发区域、限制开发区域和禁止开发区域；按开发内容将其分为城市化地区、农产品主产区和重点生态功能区。重点生态功能区和农产品主产区同属于限制开发区域和禁止开发区域。国家层面限制开发的重点生态功能区是指承担水源涵养、水土保持、防风固沙和生物多样性维护等重要生态功能，关系全国或较大范围区域的生态安全，需要在国土空间开发中限制进行大规模高强度工业化城镇化开发，以保持并提高生态产品供给能力的区域。其功能定位是保障国家生态安全的重要区域，人与自然和谐相处的示范区。2010 年划定的国家重点生态功能区包括 436 个县（市、区、旗），总面积约 386 万平方公里，占全国陆地国土面积的 40.2%。国家重点生态功能区分为水源涵养型、水土保持型、防风固沙型和生物多样性型四种类型。《国务院关于同意新增部分县（市、区、旗）纳入国家重点生态功能区的批复》（国函〔2016〕161 号）同意新增 240 个县（市、区、旗）纳入国家重点生态功能区，使国家重点生态功能区县（市、区、旗）增加到 676 个。其中，江西省 2010 年有 9 个县（市）入选国家重点生态功能区[①]，2016 年新增 17 个，共 26 个国家级重点生态功能区[②]。

2008 年，为维护国家生态安全，引导地方政府加强生态环境保护力度，提高国家重点生态功能区所在地政府基本公共服务保障能力，促进经济社会可持续发展，中央财政在均衡性转移支付项下设立国家重点生态功能区转移支付，对属

---

① 第一批入围的 9 个县（市）名单为：大余县、上犹县、崇义县、龙南县、全南县、定南县、安远县、寻乌县、井冈山市。

② 新增的 17 个县（市）名单为：浮梁县、莲花县、芦溪县、修水县、石城县、遂川县、万安县、安福县、永新县、靖安县、铜鼓县、黎川县、南丰县、宜黄县、资溪县、广昌县、婺源县。

于国家重点生态功能区的县（市、区、旗）给予均衡性转移支付。2009 年财政部正式印发《国家重点生态功能区转移支付（试点）办法》（财预〔2009〕433 号），明确了国家重点生态功能区转移支付的范围、资金分配办法、监督考评、激励约束措施等，正式建立国家重点生态功能区转移支付机制。2011 年印发《国家重点生态功能区转移支付办法》（财预〔2011〕428 号），之后每年或隔年均出台了中央对地方的转移支付办法以指导国家重点生态功能区转移支付政策的实施，根据政策实施的实际情况，对该政策进行不断的优化和调整。

国家重点生态功能区转移支付是生态补偿政策和转移支付政策的有机结合，是在原有的均衡性转移支付制度框架下，对国家重点生态功能区实施的一种新型补偿机制，以此来补偿重点生态功能区禁止或限制开发失去的机会成本和生态保护的经济成本。从重点生态功能区转移支付的属性来看，重点生态功能区转移支付属于大口径的均衡性转移支付，亦归为一般性转移支付（与专项转移支付对应），中央政府不规定资金的特定用途，地方政府在使用上有较大的自主性（马本等，2020）。

重点生态功能区转移支付制度的试点时间早于重点生态功能区制度，说明重点生态功能区转移支付并不完全以重点生态功能区为基础。从涉及区域数量上看，2010 年划定的国家重点生态功能区包括 436 个县（市、区、旗），2016 年新增 240 个，共 676 个；2008 年中央财政将天然林保护、三江源和南水北调等 230 个县（市、区、旗）纳入重点生态功能区转移支付范围，之后重点补助县（市、区、旗）数量逐年扩大，2017 年增加到 818 个；重点生态功能区中未享受重点生态功能区转移支付的县（市、区、旗）数量从 2008 年的 237 个下降至 2011 年的 12 个，2012 年以后所有重点生态功能区均享受了重点生态功能区转移支付（祁毓，2019）。可见，重点生态功能转移支付重点补助县域与重点生态功能区覆盖的县域并不完全一致。这种不一致可能来自转移支付县域与重点功能区县域的确定在程序、周期、管理部门等方面的差异，重点生态功能区范围的划定由国家发展和改革委负责，须报国务院批准，而重点生态功能区转移支付范围由财政部确定，财政部对生态转移支付的政策每年或隔年调整一次。

2.2 文献综述

2.2.1 可持续发展的相关研究

随着人类环境保护意识的逐渐提高，推行可持续发展已成为一种国际大趋势，也逐步成为国内外研究热点，现有关于可持续发展的研究主要包括内涵、评价指标体系构建、评价方法、影响因素等。

2.2.1.1 可持续发展的内涵

1980 年，联合国环境规划署（UNEP）、野生动物基金协会（WWF）和世界自然保护联盟（IUCN）共同出版了《世界自然保护纲要》，首次提出了可持续发展的概念（范柏乃等，1998）。1987 年，世界环境与发展委员会在《我们共同的未来》中首次对可持续发展的概念进行了界定，认为可持续发展是"既能满足当代人的需求，又不对后代人满足其需求的能力构成威胁的发展"（World Commission on Environment and Development, 1987）。1992 年 6 月，在联合国环境与发展大会上，来自世界 178 个国家和地区的相关领导人通过了《气候变化框架公约》和《21 世纪议程》等多项文件，明确地把发展与环境密切联系在一起，提出了可持续发展战略并付诸行动（叶文虎和仝川，1997），对可持续发展的进程做出了重大贡献。2002 年，在南非约翰内斯堡举行的可持续发展世界首脑会议上，各国家领导人再次承诺执行《21 世纪议程》，计划实施一些其他的合作关系以推动可持续发展。2015 年 9 月，联合国发展峰会正式通过了《变革我们的世界：2030 年可持续发展议程》，建立了全球可持续发展目标，确立了 17 个可持续发展目标和 169 个具体目标，涵盖社会、经济、环境三个方面。国内诸多学者对可持续发展能力的内涵进行了阐述,牛文元(2006)认为,可持续发展能力既是衡量实施可持续发展战略成功程度的基本标志,又是推动可持续发展战略实施中着力培育的物质能力和精神能力的总和。中国科学院可持续发展战略研究组总结发现,持久度、协调度和发展度是可持续发展的三项本质特征(白雪梅和赵茹,2018)。由此可以看出,可持续发展的内涵随着社会发展的需要在不断完善。

2.2.1.2 可持续发展评价指标体系构建

国外学者对可持续发展评价指标体系的研究较早。1995 年,联合国可持续发展委员会依据《21 世纪议程》,运用驱动力—状态—响应(DSR)指标体系构建了可持续发展指标体系(黄思铭等,1999)。世界银行用资本或财富存量来衡量可持续发展能力,把可持续发展的经济、社会、生态目标和人力资本作为"资本"或"财富"的四种基本类型(刘国等,2007)。国际科学联合会环境问题科学委员会和联合国环境规划署合作提出了一套高度综合的可持续发展指标体系,涵盖源、汇、生命支持和人类福利四方面(朱启贵,2000)。后来,许多国家意识到由于处在不同的社会背景和发展阶段,难以用同一套可持续发展评价指标体系来衡量不同国家的可持续发展水平,故各个国家依据其基本国情制定了可持续发展评价指标体系。例如,美国总统可持续发展理事会提出了涵盖经济繁荣、保护自然、健康与环境等十大目标的可持续发展指标体系,由 54 个用来评价国家既定目标实现程度的指标构成(李天星,2013)。欧洲城市可持续发展指标体系由 16 个指标构成,该指标体系与政府政策紧密结合,易于操作和实现(Coetzee et al.,2013)。德国建立了 21 个适合的可持续发展评价指标体系,并认为达到了具体目标,指标就具有可行性(任杰,2006)。我国学者对可持续发展评价指标体系也进行了深入研究,李锋等(2007)在原国家环境保护总局颁布的《生态市建设指标》中经济发展、环境保护和社会进步三类 28 项指标的基础上,将环境保护进一步分为生态建设和环境保护,并增加了 13 个指标,构建了可持续发展评价指标体系。郭存芝等(2014)构建了涵盖经济、环境、人文与资源的可持续发展评价指标体系。孙晓等(2016)建立了不同规模城市的可持续发展评价指标体系，包括经济发展、社会进步、生态环境三类 24 个指标。郑晓云等（2018）以哈尔滨市为城市可持续发展评价的研究对象，建立含有 4 个二级指标、22 个三级指标的哈尔滨市可持续发展评价指标体系，并采用线性加权法计算哈尔滨市可持续发展的评价指数。谢颖婷和孙红梅（2021）从空气质量、绿化程度、资源消耗及废弃物排放四个方面共选取 15 个指标构建评价体系，评价上海和东京的生态环境现状及可持续发展水平。上述研究为本书构建绿色可持续发展评价指标体系提供了借鉴和参考。

2.2.1.3 可持续发展评价方法

国内外学者大多运用主成分分析法、因子分析法、层次聚类分析法、数据包络分析法、综合评价法、生态足迹模型等方法对区域可持续发展水平进行评价（Harris，1993；Turcu，2012；刘志刚和谭丽荣，2007；王晓云和张雪梅，2014）。李祚泳等（2001）采用广义对比运算和层次分析法对不同层次指标赋权，建立了社会、经济和环境可协调持续发展评价模型，评价大理市可持续发展水平。刘丽英（2013）将主成分分析法和数据包络分析法进行综合运用，对 2000~2009 年北京市可持续发展总体水平进行评价。曹辉（2014）在构建区域可持续发展能力综合评价指标体系后，运用熵权灰色关联模型定量评价了陕西省区域可持续发展能力。刘翔和曹裕（2011）、袁莉和蔡琨（2014）、向鹏成和罗莉华（2015）在复合生态系统理论的框架下，以维系城市群资源、环境、经济和社会的共生关系为核心，构建综合评价指标体系，并应用模糊综合评价法，对长株潭城市群复合生态系统的循环状态进行了评价。曾鹏和毕超（2015）运用多层次主成分分析法和层次聚类分析法，从经济、社会和自然三个方面对中国十大城市群的可持续发展能力进行了测度和比较。郭慧文和严力蛟（2016）综合应用城市发展指数（CDI）和生态足迹（EF）指标，分析了各直辖市 1978~2012 年的可持续发展情况。张静和任志远（2016）运用因子分析、泰尔指数、系统协调性等方法分析了陕西省可持续发展的协调性，得出了陕西省可持续发展在时间、空间、驱动力等方面的结论。朱卫未和王海静（2017）发现，相较于传统 DEA 模型，构建基于 SBM 的 DEA 模型对区域可持续发展能力进行评估更具有先进性。鲁洋等（2019）以生态足迹理论为基础，测算了休宁县 2006~2016 年的生态足迹和生态承载力，然后利用生态赤字/盈余、生态协调系数、生态足迹多样性指数等指标评估了休宁县的生态环境与经济可持续发展现状及变化趋势。邵超峰等（2021）结合可持续发展目标指标机构间专家组（IAEG SDGs）提出的全球指标框架，动态发展分析了全球落实 SDGs 的进展情况，指出了当前中国实施 SDGs 的机遇与挑战，并设计了中国可持续发展评价指标体系。

2.2.1.4 可持续发展影响因素

国内外学者从不同方面对地区可持续发展的影响因素进行了深入探究（Alonso，1971；Sveikauskas，1975；郭存芝等，2010）。綦良群和任贵生（2000）研究发现，三次产业结构占比、石油与天然气资源、工业内部产值比例、石油采出量占储量之比、石油储采比、科技进步对经济增长的贡献率、高科技产业产值占总产值的比重、国内生产总值、草原资源等是影响大庆可持续发展的主要因素。汪克亮等（2013）通过对全国 18 个煤炭资源型城市的可持续发展能力进行测度和分析，发现影响煤炭资源型城市可持续发展的主要因子为就业因子、资源因子、社会环境因子和经济因子，其中经济因子占主要地位，另外，政府对煤炭资源型城市可持续发展的扶持力度也是重要影响因素。张辽和杨成林（2014）采用基于变异系数的灰色关联分析方法，度量了 2002~2011 年中国十大城市群可持续发展水平，并分析了其收敛性和影响因素。黄天航等（2020）采用 Tobit 模型识别"一带一路"沿线国家整体及各国可持续发展水平的影响因素，结果表明，经济发展水平与沿线国家的可持续发展水平之间呈现出"U"形关系，科技水平和可再生能源消费占比对沿线国家的可持续发展水平具有促进作用。李博等（2019）在对环渤海地区 28 个地级资源型城市的可持续发展能力进行研究时指出，经济发展是影响可持续发展能力的最重要因素，其次是科技文化水平、政府支持力度和环境保护水平。戚红年等（2020）通过对长江经济带的可持续发展能力的时空差异和影响因素进行研究，发现社会可持续发展能力中的教育支出、经济可持续发展能力中的第三产业占 GDP 比重和人均 GDP、环境可持续发展能力中的工业废水排放量均对长江经济带可持续发展能力具有显著影响，且影响强弱在空间上具有分异特征。综上所述，对于可持续发展影响因素的研究主要集中在经济、科技、资源、环境等几个方面，其中国内生产总值、产业结构等经济因素是影响可持续发展的主导因素，科技创新水平、资源有效利用和环境保护是重要因素。

2.2.2 重点生态功能区转移支付的相关研究

国家重点生态功能区是保障国家生态安全的重要区域，以保护和修复生态环境、提供生态产品为首要任务。为弥补重点生态功能区地方政府的财力不足，引导地方政府加强环境保护，增加生态产品供给，2011 年中央财政正式设立国家重点生态功能区转移支付（何立环等，2014）。国外没有重点生态功能区转移支付的直接概念，但有与之相近的生态转移支付的内容。基于此，本节从生态转移支付和重点生态功能区转移支付两个方面进行综述。

2.2.2.1 生态转移支付的相关研究

生态转移支付的重要性及存在的问题。生态机制通过将外部性内部化来克服市场失灵，将生态价值转化为货币价值，按照"谁保护，谁受益"的原则对生态环境保护者提供一定的补偿（Engec et al.，2008），在国外通常被称为生态环境服务付费（PES）或生态环境服务补偿（CES）。国外的生态转移支付实施较早。1992 年，巴西的巴拉那州正式实施生态补偿财政转移支付制度，成为世界上最早实施生态转移支付的地区。20 世纪 90 年代中期，德国环境专家委员会建议使用政府间财政转移支付确保生态产品和生态服务的供给。国外学者对生态功能区转移支付制度进行了大量研究，充分肯定了实施生态功能区转移支付制度的重要性（Revesz，2001；Charles & Madhav，2015；Wang et al.，2012），同时也发现了现行生态转移支付制度仍存在的一些问题。Kumar 等（2011）针对印度运用转移支付对地方政府提供环境公共服务进行补偿的机制进行探讨，发现森林覆盖率的变化和政府支出呈现正相关关系。Sauquet 等（2012）研究发现，巴西作为世界上最早实行生态转移支付的国家，仅仅在制度实施初期起到改善生态环境状况的效果，这与该项制度的资金绩效考核制度不健全有较大关系。Ring（2002）对德国生态转移支付进行的研究也得到了类似结果。综上可知，国外学者均肯定了实施生态转移支付制度的重要性，并且指出了现行生态转移支付制度在政策设计上的导向性、资金分配、资金使用、监督考核和激励机制等方面存在不足，仍需进一步完善。

生态转移支付制度的理论基础。目前，国外学术界将生态价值理论、公共物品理论、外部性理论、生态补偿理论及生态预算理论作为生态转移支付制度的理论基础。Westman（1977）提出了自然的服务这一与生态系统服务功能紧密相关的概念，并对其价值核算进行了研究。Pearce 和 Moran（1994）对生态系统服务价值的分类进行了系统研究，将生态系统服务价值分为使用价值和非使用价值两类，并对两类价值的概念和内涵进行了深入阐述。Olson（1994）与 Hardin（1968）分别提出了公共物品使用中的"搭便车"现象和"公地悲剧"现象，奠定了公共物品理论在生态资源保护中的应用基础。Pigou（1962）以福利经济学为切入点对外部性进行了系统阐述，并提出著名的"庇古税"理论，为政府对环境保护领域进行调控提供了理论依据。生态预算是由 Konrad Otto-Zimmermann 在 1987 年召开的欧洲地方环境举措国际理事会（ICLEI）上提出的，它具有简单性、逻辑性和灵活性的特点，能够推进项目可持续发展。Erdmenger（1998）指出，生态预算是借鉴财政管理机构进行设计和研究的。生态预算模式创建后，欧洲三次试行示范项目，并取得了成功，包括德国示范项目（1996~2000）、凯撒斯劳滕（Kaiserslautern）示范项目（2001~2003）、欧洲示范项目（2001~2004）。上述研究为本书分析重点生态功能区转移支付对经济发展、公共服务供给和环境保护的影响机理提供了重要参考。

2.2.2.2　重点生态功能区转移支付的相关研究

重点生态功能区转移支付是我国乃至全球最大的政府生态补偿项目（马本

等，2020）。目前，关于重点生态功能区转移支付的研究大多集中在转移支付制度的监督考核、激励约束、资金分配和使用、效应评估等方面。

重点生态功能区转移支付的监督考核及激励约束机制。已有大量学者对重点生态功能区转移支付的监督考核及激励约束机制进行了研究。陈梦雨等（2014）提出，该制度在监督考核和激励约束方面仍然存在不足，有待完善。张文彬和李国平（2015）提出，中央政府对县级政府保护生态环境的激励应当注重长期性，选择合适的激励方式，并将生态效益和环境质量统一纳入县级政府的政绩考核体系。孔德帅等（2017）认为，现有的单一指标考核体系不能很好地反映地方政府的努力程度，应当将有利于揭示地方政府努力程度及外部不确定性的可观测变量纳入考核指标体系。卢洪友和祁毓（2014）指出，我国重点生态功能区转移支付政策存在"稳"的心态和"退"的心态，其根源在于激励和约束不足，并提出通过实施横向转移支付、提高考核标准、增加生态环境考核指标等方式，实现转移支付制度的激励约束相容，促进生态功能区建设。张文彬和马艺鸣（2018）以国家重点生态功能区转移支付为例，对常用的激励诱导和惩罚两种生态补偿监管方式进行比较分析，结果表明：当监管成本高于临界值时，应当选择激励诱导机制；当监管成本低于临界值时，应当选择惩罚机制。上述研究表明，目前我国重点生态功能区转移支付的监督考核及激励约束机制还存在缺陷，需要进一步完善考核指标和激励约束机制。

重点生态功能区转移支付的资金分配和使用。李国平等（2013）指出，国家重点生态功能区转移支付应该是直接补偿农户，而不是通过补偿地方政府间接补偿农户。刘政磐（2014）提出，我国应增加转移支付资金额度和资金使用的导向性，完善转移支付的核算公式与方法。钟大能（2014）认为，当进行转移支付资金计算时应该重点参考地方政府的环境保护实际财政支出。赵卫等（2019）对重点生态功能区转移支付与环境保护的协同性进行了分析，发现转移支付资金分配未能体现出不同地区环境保护投入成本的差异，亟须完善重点生态功能区转移支付资金分配机制。刘桂环等（2020）指出，应在转移支付资金分配的计算公式中增加生态产品价值保值增值的直接投入，并将因开展生态保护与修复、控制污染排放等带来的财政减收损失纳入考虑范围。上述研究为完善重点生态功能区转移支付的资金分配和使用提供了新的思路。

重点生态功能区转移支付的效应研究。我国在 2008 年开始试行国家重点生态功能区转移支付制度，之后，转移支付规模不断增加。目前，已有大量学者就该制度产生的效应进行了探究。李国平等（2014）以陕西省享受重点生态功能区转移支付的 37 个县 2009~2011 年的样本数据为例，实证检验了转移支付规模对环境质量的影响，结果表明：转移支付规模对生态环境质量的改善具有促进作用。谢恺（2018）研究发现，国家重点生态功能区转移支付制度的实施切实增加了我国生态功能区的面积，提升了生态环境质量，为我国生态文明建设做出了重要贡献。缪小林和赵一心（2019）利用 2006~2016 年我国省级面板数据，研究了重点生态功能区转移支付对生态环境的影响，发现重点生态功能区转移支付总体上改善了生态环境质量，且显著依赖于地方政府的环境保护支出占比。曹鸿杰等（2020）通过理论分析和实证检验发现，转移支付实现了促进地区协调发展的目标，对生态环境保护和公共服务供给具有激励效应。朱艳和陈红华（2020）运用倾向值匹配法（PSM）实证检验了重点生态功能区转移支付政策的环境效应。田嘉莉和赵昭（2020）利用 2011~2015 年湖北省县级面板数据进行研究发现，转移支付政策有利于生态环境质量的提升。不同学者的研究结论均证实了重点生态功能区转移支付能有效改善生态环境质量，部分研究结论证实重点生态功能区转移支付对公共服务供给具有激励效应。

2.2.3 文献述评

在可持续发展的相关研究方面，大量研究发现，经济发展与可持续发展相互作用，基于此，国内外学者提出要促进环境保护和经济发展协调发展，实现可持续发展，并对可持续发展的内涵、评价指标体系、评价方法及影响因素等进行深入研究，获得了丰硕的研究成果。在重点生态功能区转移支付的相关研究方面，国外的学者对生态转移支付的概念、重要性、存在的问题、理论基础等进行了深入研究。我国学者就重点生态功能区转移支付制度的监督考核、激励约束、资金分配和使用、效应评估等进行了深入研究，并取得了丰硕的研究成果，促进了我国重点生态功能区转移支付制度的进一步完善。总体来看，在现有研究的基础上还可以在以下领域进行延伸：

首先，现有文献在研究重点生态功能区转移支付的效应时，主要从环境保护角度进行研究，发现重点生态功能区转移支付政策和规模均对环境质量的改善起促进作用，但尚未有学者从绿色可持续发展的视角进行研究。重点生态功能区与经济欠发达地区重叠，只有促进环境与经济协同发展，才能实现经济可持续发展和生态产品可持续供应，缩小与发达地区的经济差距。重点生态功能区转移支付是生态补偿政策和转移支付政策的有机结合，虽然具有环境保护的政策目标，但中央政府不规定资金的特定用途，地方政府在使用上有较大的自主性，可以拿出部分转移支付资金用于发展经济和提供公共服务，实现经济、社会和环境的协同发展。

其次，在研究重点生态功能区转移支付的效应时，大多数文献仅研究该转移支付的政策效应或规模效应，鲜有文献同时研究转移支付的政策效应和规模效应，对重点生态功能区转移支付效应的研究不够全面。

最后，在分析绿色可持续发展的内涵时，主要以发展经济为目标，我国当前的发展战略是加强生态文明建设、走共同富裕之路，我国不仅要发展经济，还要促进地区均衡发展。因此，绿色可持续发展的内涵需要进一步完善。

基于此，本书在我国加强生态文明建设、实现共同富裕的发展战略下，定义了绿色可持续发展的内涵，并结合江西省的特点，构建了江西省绿色可持续发展评价指标体系，运用计量模型实证检验了重点生态功能区转移支付政策和规模对绿色可持续发展指数及分维度指数的影响。

第❸章

重点生态功能区转移支付对
绿色可持续发展影响的理论分析

重点生态功能区与经济欠发达地区重叠，实施绿色可持续发展是实现经济可持续发展和生态产品可持续供应的必经之路。从表面上看，重点生态功能区转移支付与绿色可持续发展没有直接联系，但从更广泛的角度研究可以发现，它们之间存在着重要的联系。重点生态功能区转移支付政策具有保护环境和改善民生的双重目标，改善民生不仅包括提高居民的经济收入水平，改善物质条件，还包括提高居民享受的教育、医疗和社会保障等社会福利，而居民经济收入水平的提高、公共服务供给的增加、环境质量的改善是衡量绿色可持续发展水平的重要方面，两者之间存在着交集。因此，本章首先探究重点生态功能区转移支付对绿色可持续发展三个维度的作用机理，以及三个维度之间的相互作用机理；其次对重点生态功能区转移支付对绿色可持续发展的作用路径进行解构；最后借助无差异曲线这一经济学工具，分析在重点生态功能区转移支付政策下地方政府的行为选择，探讨重点生态功能区转移支付对绿色可持续发展的影响方向，并提出研究假说。

3.1 重点生态功能区转移支付对绿色
可持续发展的作用机理

3.1.1 对经济发展的作用机理

经济发展是绿色可持续发展的前提。其中，居民收入水平是衡量经济发展程度的最直观因素，居民收入水平越高，经济发展水平越高，城乡收入差距越小，经济发展越均衡。重点生态功能区居民的收入构成主要来源于工资性收入、家庭经营性收入和转移收入（徐爱燕和沈坤荣，2017）。其中，工资性收入指居民在企业打工获得的工资报酬，这部分收入主要受居民自身的工作能力和社会对劳动力的需求这两种因素的影响。生产经营性收入指农户以家庭为生产经营单位通过生产经营活动取得的收入。转移性收入主要指政府对低收入居民直接给予的贫困补助。重点生态功能区转移支付通过多种方式影响居民收入水平，从而影响经济发展效果。

中央政府将转移支付资金划拨到地方政府后，地方政府通过将转移支付资金用于发展生态产业和直接补贴低收入居民的方式，提高低收入居民的收入水平，缩小收入差距，实现经济均衡发展。具体情况如下：地方政府通过促进生态产业发展，提高经济发展效果。重点生态功能区在提供优质生态产品的功能定位下，不能采取粗犷式发展方式，而是要利用丰富的生态资源优势，通过生态产业化经营，促进生态优势向经济优势转化（黎元生，2018），实现经济和环境协同发展。发展生态产业，一方面能通过深入挖掘绿色生态农产品地理标志，加大绿色生态农产品认证、产品质量管理和品牌管理力度，开发绿色生态农产品，提升农产品销售价格，增加销售数量，直接提高农户的经营性收入，从而直接增加居民收入;另一方面能提高劳动工资水平,创造更多的就业岗位,帮助低收入居民实现收入来源的多样化和风险分散,增加对经济危机的抵御能力,从而有效降低脱贫人口的返贫概率。地方政府通过直接补贴低收入居民的方式,提高经济发展效果。享受重点生态功能区转移支付的地方政府为了帮助低收入居民提高收入水平,可以选择直接给予经济补助,以增加其收入。这是减少收入不平等、缩小收入差距的一种最直接手段,特别是对于没有其他经济来源的居民,短时间内找不到其他方式帮助其增加收入。但这种方式从长期来看并不合适,不仅给地方财政带来了巨大负担,还容易助长低收入居民依赖政府补助的心理,不愿意自食其力,最终导致收入水平更低、收入差距更大。

3.1.2　对公共服务供给的作用机理

社会发展是绿色可持续发展的一个重要方面。教育、医疗、社会保障、交通等社会公共服务供给水平越高,社会发展水平也就越高。交通、教育、医疗等公共服务供给水平关系着居民的切身利益和平等权益,公共服务供给水平越高,居民提高收入水平的内生动力越强。其中,交通越便捷,越能吸引企业家来投资建厂,带动当地经济发展和居民就业。充足的教育资源有利于提高居民的受教育程度,从而提高居民的知识水平和工作能力,居民知识水平越高,工作能力越强,越有机会从事高难度的工作,工资水平也就越高,抵抗失业风险的能力也就越强。优质的医疗卫生资源可以有效提高居民的健康水平,拥有健康的身体不仅能从事劳动生产,获取更高的劳动报酬,还能有效降低因病致贫的风险。公共文化服务越好,人民群众的精神生活越丰富。社会保障水平越高,居民享受的社会福利越好,幸福指数也就越高。公共服务具有非竞争性和非排他性,只能由政府进行提供,重点生态功能区转移支付通过影响地方政府的财政支出行为来影响公共服务供给。

地方政府通过增加教育、医疗、社会保障、交通、文化、基础设施等方面的支出来增加公共服务供给,为了方便表述,本书将基础设施支出也归纳为社会支出。虽然已有研究关于财政转移支付对公共服务供给的影响尚未取得一致意见，但转移支付规模较大时，地方政府财政资金充足，有足够的能力增加社会支出，公共服务供给水平必将得到提高。

综上所述，地方政府享受重点生态功能区转移支付后，财政压力得到有效缓解，在保护生态环境之余，有足够财力提供公共服务，并且转移支付规模越大，地方政府的财政压力越小，越有能力增加公共服务供给。

3.1.3　对环境保护的作用机理

良好的生态环境是实现绿色可持续发展的基础。促进环境保护、改善环境、提高当地政府的基本公共服务能力和引导当地政府加强生态环境保护是我国实施重点生态功能区转移支付制度的双重目标，而且生态环境质量是反映地区经济发展过程中绿色化程度的重要指标。根据第 2 章对现有研究的介绍，目前，已有许多学者就重点生态功能区转移支付对环境保护的影响效应进行了研究，结果表明：重点生态功能区转移支付政策能有效促进环境质量改善，但对于重点生态功能区转移支付更深层次的机制揭示还有待探讨。地方政府进行环境保护的途径主要是增加环境保护支出，环境保护支出越多，生态修复和环境保护的效果越好。另外，改善环境质量不仅需要对已有的污染物进行治理，还要减少新的污染物产生。如果只是对已有污染物进行治理，而不控制新的污染物产生，一旦新增污染物数量超过治理的污染物数量，环境质量不但得不到改善，还会继续恶化。工业是污染物的主要来源，只有加大工业生产监管、优化产业结构，才能减少污染物的产生。因此，地方政府为了保护生态环境，不仅需要增加环境保护支出，增加对污染物的治理，还需要加强工业生产的监管，减少污染物的产生。但是，地方政府作为理性经济人，在转移支付规模较小，不足以弥补加大工业监管的成本及由此带来的经济损失时，地方政府对环境保护的力度可能会不够。

3.1.4 经济发展、公共服务供给与环境保护相互作用

绿色可持续发展是一个动态的过程，在该过程中，经济、社会、环境、自然等多个作用因子构成了一个驱动力集，任何一个因子的变动均会引起其他因子和绿色可持续发展水平的变动，各因子间相互作用、相互影响，最终引起经济发展、公共服务供给、环境保护等各个方面的变化（郭世芹，2018），共同推进绿色可持续发展。从衡量绿色可持续发展水平的经济、社会、环境三个维度来看，任何一个维度的变化均会引起其他两个维度的变动，也会受其余两个维度变动的影响。

从经济发展和公共服务供给的关系来看，大量学者的研究表明，政府对基础教育、卫生医疗等公共服务的有效供给能提升受益对象的收入能力，从而实现经济发展（耿申，2020；王子行和李恺伦，2020）。公共服务的有效供给可以改善人力资本，为农村低收入居民由农业部门转向非农部门、由农村转向城市提供能力保障，有效提高农村低收入居民的就业机会和收入水平（李盛基等，2014），帮助当地居民提高收入水平。在地方政府财政资金有限的情况下，公共服务供给的资金增加，用于经济发展的资金必然减少，会对经济发展产生负向影响；反之，用于经济发展的资金增加，用于公共服务供给的资金必然减少，不利于公共服务供给水平的提高。经济发展地区必然伴随着经济增长，经济增长能有效提高地方政府的财政收入，使地方政府有足够的财力提供公共服务，而且随着经济发展，人们生活质量得到提高，对公共服务的需求也会增加，激励地方政府加大公共服务供给。

从经济发展和环境保护的关系来看，实现经济发展的地区必然伴随着经济增长，经济增长能提高地方政府的财政收入，为地方政府进行生态修复和环境保护提供财力保障。经济增长的过程必然伴随着污染物的产生和排放，会对生态环境造成巨大压力。另外，在地方政府财政资金有限的情况下，经济发展的资金增加，用于环境保护的资金必然减少，会对环境保护产生负向影响；反之，用于环

境保护的资金增加，用于经济发展的资金必然减少，不利于经济发展效果的提高，而且环境保护需要加大工业生产监管、优化产业结构，这在一定程度上会导致工业发展水平下降，尤其是关闭重污染企业，会降低对劳动力的需求，造成一些人失业，失去工资来源，最终削弱重点生态功能区转移支付的经济发展效果。但地方政府保护生态环境可以改善当地环境质量，优美的生态环境有利于发展生态产业，将生态优势转化为经济优势，如发展旅游业可以带动当地居民就业，提高居民收入，从而实现经济发展。

从公共服务供给和环境保护的关系来看，人们对公共服务的需要得到满足之后，会更加注重健康和周围的生活环境，自动加强对周边环境质量的监督，从而改善环境质量。但公共服务和环境保护都属于公共产品，具有非竞争性和非排他性，因此，两者的提供主体都是地方政府。人们对生态环境的需要得到满足之后，也会更加注重教育、医疗卫生、社会保障、文化体育等公共服务的需求，促进地方政府增加公共服务供给。

综上所述，经济发展、公共服务供给和环境保护之间会相互作用、相互影响，经济发展和公共服务供给之间、经济发展和环境保护之间、公共服务供给和环境保护之间可能相互促进，也可能相互抑制（见图3-1）。

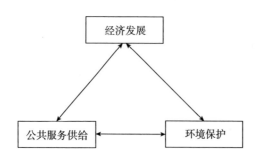

图3-1 经济发展、公共服务供给与环境保护的关系

3.2　作用路径的解构

前文详细探讨了重点生态功能区转移支付对经济发展、公共服务供给和环境保护的作用机理及三个维度之间的相互作用机理。在此基础上，本节进一步对重点生态功能区转移支付对绿色可持续发展的具体作用路径进行解构。如图3-2所示，重点生态功能区转移支付通过多条路径对绿色可持续发展产生影响。首先，重点生态功能区转移支付可以通过直接补贴低收入居民、促进生态产业发展等方式提高低收入居民的收入水平，缩小收入差距，促进经济可持续发展。直接给予经济补贴的方式从长期来看并不合适，不仅给地方财政带来了巨大负担，而且还容易助长低收入居民依赖政府补助的心理，不愿意自食其力，降低财政支出的有效性。其次，重点生态功能区转移支付促进地方政府增加社会支出，通过提高教育、医疗卫生、社会保障等公共服务供给水平，促进社会可持续发展。最后，重点生态功能区转移支付还可以通过促进地方政府增加环境保护支出和加大工业生产监管、优化产业结构，改善生态环境质量，促进生态环境可持续发展。经济发展、公共服务供给和环境保护两两之间均存在相互促进关系和相互抑制关系，最终影响重点生态功能区转移支付对绿色可持续发展的作用效果。

综上，重点生态功能区转移支付通过影响经济发展、公共服务供给和环境保护，从经济维度、社会维度和环境维度影响绿色可持续发展。

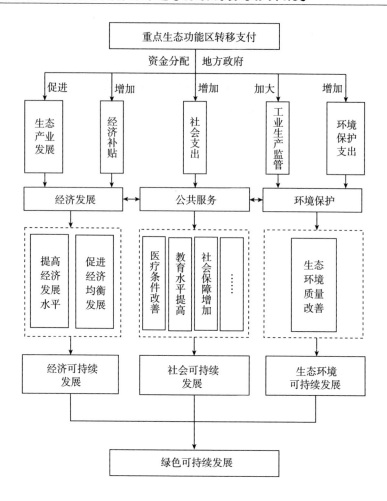

图3-2 重点生态功能区转移支付对绿色可持续发展的作用路径

3.3 研究假说的提出

根据3.2节对重点生态功能区转移支付对绿色可持续发展作用路径的解构，重点生态功能区转移支付通过多条路径影响绿色可持续发展，由于经济发展、公共服务供给和环境保护两两之间均存在相互促进关系和相互抑制关系，故不能直接判断出重点生态功能区转移支付对绿色可持续发展的影响方向。本节借助无差异曲线，分析重点生态功能区转移支付政策下地方政府的行为选择，进一步探究重点生态功能区转移支付对绿色可持续发展的影响方向，提出研究假说。

每年年末，我国都会对享受重点生态功能区转移支付的地区进行考核，对考核结果合格的地区给予奖励，对考核结果不合格的地区给予惩罚。自重点生态功能区转移支付正式实施以来，考核指标在不断变化，2009~2011 年考核指标主要为环境保护和公共服务，2012~2015 年考核指标主要为生态环境质量，2016 年以后考核指标主要为生态环境质量、产业准入、生态补偿。取消对公共服务的考核并不是对改善民生的忽视，而是更加明确转移支付资金的主要目标（保护生态环境），以此来分清保护生态环境和改善民生这两个目标的主次。2016 年后增加了对生态补偿的考核，公共服务事业的发展是衡量地区发展程度的重要方面，故公共服务仍然是考核的重要指标。

由于考核指标是地方政府分配资金用途的主要参考依据，故地方政府会将转移支付资金主要用于环境保护，其次是生态补偿和公共服务。地方政府通过将资金用于生态补偿，有效提高低收入居民的收入水平，从而促进当地经济发展，缩小收入差距；将资金用于公共服务供给，能有效提高当地公共服务供给水平；将资金用于环境保护，能有效提高当地的生态环境质量。提高居民收入水平是为了改善居民生活物质条件，增加公共服务供给是为了满足居民对教育、医疗和社会保障等的需求，故经济发展和社会发展的最终目的都是提高民生福祉。为了便于分析，本书假设地方政府将转移支付资金仅用于环境保护和改善民生。基于此，本书主要借鉴张跃胜（2015）的研究，将享受重点生态功能区转移支付的地方政府看成一位具有理性经济人假设的消费者，在环境保护和改善民生两种消费品之间进行选择，选择环境保护可以获得生态效益，选择改善民生可以获得经济效益和社会效益。既然选择环境保护和改善民生都可以带来效益，那么在总效益不变的情况下，两者可以相互替代。如果用于环境保护的预算资金增加，那么用于改善民生的预算资金必然减少，获得的经济效益和社会效益将会减少，但保护环境也能获得生态效益，可以替代失去的经济效益和社会效益。事实上，地方政府有不同的预算资金分配组合，这些组合可以带来相同的总效益，将总效益水平相同的各种用于环境保护和改善民生的财政预算资金分配方式组合起来就构成了无差异曲线，如图3-3、图3-4和图3-5所示。图3-3、图3-4和图3-5中的横轴均表示环境保护，纵轴均表示改善民生。其中，图3-3表示重点生态功能区转移支付并不能从根本上改变地方政府在环境保护和改善民生之间的行为偏好，获得转移支付后财政资金预算约束线由C_1C_2向右上方平移至C_3C_4。图3-4表示获得重点生态功能区转移支付后地方政府高度重视环境保护，财政资金预算约束线由C_1C_2变为C_3C_5。图3-5表示获得重点生态功能区转移支付后地方政府高度重视改善民生，财政资金预算约束线由C_1C_2变为C_5C_6。

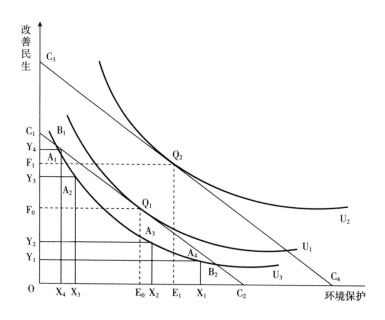

图3-3 地方政府的行为路径选择：重点生态功能区转移支付不能改变其行为偏

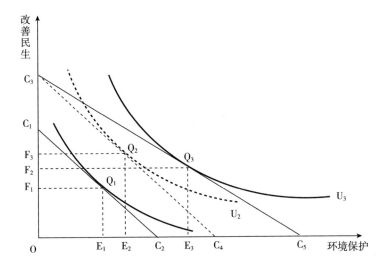

图 3-4 地方政府的行为路径选择：重点生态功能区转移支付使其偏向环境保护

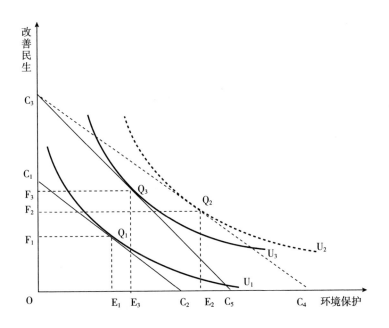

图 3-5 地方政府的行为路径选择：重点生态功能区转移支付使其偏向改善民生

从图 3-3 中的三条无差异曲线可以看出：①当用于改善民生的预算资金较

多，用于环境保护的预算资金较少时，增加环境保护资金带来的边际效益较大；反之，增加环境保护资金带来的边际效益较小。②当用于改善民生的预算资金较多，用于环境保护的预算资金较少时，减少大量改善民生预算资金投入带来的损失（Y_4 到 Y_3），需要增加少量的环境保护预算资金来补偿（X_4 到 X_3）；减少少量环境保护预算资金投入带来的效益损失（X_3 到 X_4），则需要增加大量改善民生的预算资金来补偿（Y_3 到 Y_4）。③当用于改善民生的预算资金较少，而用于环境保护的预算资金较多时，减少少量改善民生的预算资金投入（Y_2 到 Y_1），则需要增加大量环境保护的预算资金进行补偿（X_2 到 X_1）。另外，根据图 3-3还可以看出，在地方政府未享受重点生态功能区转移支付之前，其财政资金预算约束线为 C_1C_2，最优的预算资金投入组合是 Q_1 点，此时，用于环境保护和改善民生的预算资金投入分别为 E_0 和 F_0；中央政府给予重点生态功能区转移支付以后，地方政府的财政资金预算约束线向右上方平移到 C_3C_4，最优的资金投入组合是 Q_2 点，此时，用于环境保护和改善民生的资金投入分别为 E_1 和 F_1。可以看到，E_1 和 F_1 均大于 E_0 和 F_0，由此可知，在重点生态功能区转移支付并不能从根本上改变地方政府行为偏好的情况下，重点生态功能区转移支付政策能同时有效促进地方政府进行环境保护和改善民生，改善民生并不会完全挤占环境保护的资金投入，并且转移支付规模越大，用于环境保护和改善民生的预算资金越多，对环境保护和改善民生的促进作用就越大。

从图 3-4 可以看出，如果获得重点生态功能区转移支付后地方政府高度重视环境保护，那么地方政府的预算约束线不再由 C_1C_2 向右上方平移至 C_3C_4，而是向右上方移至 C_3C_5，效用曲线不再是 U_2 而是 U_3，均衡点也由 Q_2 变为 Q_3。对比 Q_2 和 Q_3 可以发现，当重点生态功能区转移支付促进地方政府高度重视环境保护但并不能改变其行为偏好时，地方政府用于环境保护的预算资金明显增加（$E_1E_3 > E_1E_2$），而用于改善民生的预算资金增加较少（$F_1F_3 < F_1F_2$）。因此，在获得重点生态功能区转移支付后地方政府高度重视环境保护的情况下，重点生态功能区转移支付政策能有效促进地方政府进行环境保护，但对改善民生的促进作用相

对较小。同样，转移支付规模越大，用于环境保护和改善民生的预算资金越多，对环境保护和改善民生的促进作用就越大。

从图 3-5 可以看出，如果获得重点生态功能区转移支付后地方政府高度重视改善民生，那么地方政府的预算约束线不再由 C_1C_2 向右上方平移至 C_3C_4，而是向右上方移至 C_5C_6，效用曲线不再是 U_2 而是 U_3，均衡点也由 Q_2 变为 Q_3。对比 Q_2 和 Q_3 可以发现，当重点生态功能区转移支付促进地方政府高度重视改善民生但并不能改变其行为偏好时，地方政府用于改善民生的预算资金明显增加（$F_1F_3>F_1F_2$），而用于环境保护的预算资金增加较少（$E_1E_3<E_1E_2$）。因此，在获得重点生态功能区转移支付后地方政府高度重视改善民生的情况下，重点生态功能区转移支付政策能有效促进地方政府改善民生，但对环境保护的促进作用较小。同样地，转移支付规模越大，用于环境保护和改善民生的预算资金越多，对环境保护和改善民生的促进作用就越大。

通过上述分析可知，重点生态功能区转移支付对地方政府的行为偏好有三种影响，即不改变其行为偏好、促进其偏向环境保护及促进其偏向改善民生，相应地，会产生三种影响效应，即同时促进地方政府进行环境保护和改善民生、促进地方政府重点进行环境保护及促进地方政府重点改善民生。在转移支付规模很小的情况下，重点生态功能区转移支付在改变地方政府的行为偏好时，对改善民生或环境保护的促进作用相对较小。我国自中央财政出台了国家重点生态功能区转移支付后，转移支付规模逐年增加，2008 年转移支付资金规模为 66 亿元，截至 2018 年转移支付资金规模已高达 721 亿元。因此，无论重点生态功能区转移支付对地方政府的行为偏好影响如何，该政策均能有效促进地方政府保护环境和改善民生，从而改善生态环境质量，提高居民经济收入水平和社会福利水平，推动绿色可持续发展水平提升，并且转移支付规模越大，绿色可持续发展水平越好。

另外，根据重点生态功能区转移支付对绿色可持续发展的作用机理，地方政府享受中央财政的转移支付后，主要将转移支付资金用于发展生态产业、补贴低收入居民、提供公共服务、加强环境保护等。由于重点生态功能区的功能定位是提供优质的生态产品，重点生态功能区转移支付政策的主要考核指标是生态环境质量，因此，地方政府在分配转移支付资金时，会优先用于环境保护，其次是经济发展和公共服务供给。在转移支付资金数量一定的情况下，用于环境保护的资金越多，用于经济发展和公共服务供给的资金便越少，地方政府为了改善生态环境，会选择加大工业生产监管、优化产业结构，这在一定程度上会影响经济发展和公共服务供给效果。从这两个角度来说，在转移支付规模较小时，转移支付政策不一定能促进经济发展和公共服务供给。但重点生态功能区转移支付规模逐年扩大，截至 2018 年转移支付资金规模已高达 721 亿元，能有效缓解地方政府的财政压力，促进地方政府将转移支付资金用于发展生态产业、补贴低收入居民、提供公共服务、保护环境等。同时，地方政府作为理性经济人，在转移支付规模较小，不足以弥补加大工业生产监管的成本及由此带来的经济损失时，地方政府不会选择加大工业生产监管。综上，本书认为重点生态功能区转移支付政策能有效促进经济发展、公共服务供给和环境保护。

由于直接对低收入居民给予经济补贴的方式不仅给地方财政带来了巨大负担，而且还容易助长其依赖政府补助的心理，不愿意自食其力，最终导致收入差距更大。地方政府作为理性经济人，在转移支付规模较小，不足以弥补环境保护的投入成本时，地方政府可能会放弃环境保护。因此，转移支付规模对经济发展和环境保护的影响可能是非线性的。

综合上述对重点生态功能区转移支付政策和规模对绿色可持续发展、经济发展、公共服务供给和环境保护影响方向的分析，本书提出以下研究假说：

研究假说 1： 重点生态功能区转移支付政策能促进绿色可持续发展，并且转移支付规模越大，绿色可持续发展指数越高。

研究假说 2： 重点生态功能区转移支付政策能促进经济发展，但并不是转移支付规模越大越好，转移支付规模对经济发展的影响是非线性的。

研究假说 3： 重点生态功能区转移支付政策能促进公共服务供给，并且转移支付规模越大，公共服务供给水平越高。

研究假说 4：重点生态功能区转移支付政策能促进环境保护，但在转移支付规模较小时，不能促进环境保护，转移支付规模对环境保护的影响是非线性的。

研究假说 5：经济发展、公共服务供给和环境保护之间会相互作用、相互影响。

3.4　本章小结

本章探究了重点生态功能区转移支付对绿色可持续发展三个维度的作用机理，以及三个维度之间的相互作用机理，并在此基础上将重点生态功能区转移支付对绿色可持续发展的作用路径进行了解构。然后，借助无差异曲线，分析重点生态功能区转移支付政策下地方政府的行为选择，探讨重点生态功能区转移支付对绿色可持续发展的影响方向并提出研究假说，主要结论如下：

第一，从重点生态功能区转移支付对绿色可持续发展的影响机理来看，重点生态功能区转移支付可以通过直接补贴低收入居民、促进生态产业发展等方式促进经济发展；通过增加社会支出，提高公共服务供给水平；通过增加环境保护支出，加强环境治理，并通过加大工业生产监管优化产业结构，减少污染物的产生，实现改善生态环境的目的；经济发展、公共服务供给和环境保护两两之间均存在相互促进和相互抑制的关系。

第二，从重点生态功能区转移支付对绿色可持续发展的影响方向来看，重点生态功能区转移支付政策能有效促进绿色可持续发展，并且转移支付规模越大，绿色可持续发展水平越好。

第❹章

江西省绿色可持续发展指数的
测算及分析

习近平同志曾提出中国要坚持走绿色、低碳、可持续发展道路,为建设清洁美丽世界、推动构建人类命运共同体作出更大贡献。绿色可持续发展强调保护生态环境,秉持"绿水青山就是金山银山"的理念,倡导人与自然和谐共生,坚持走绿色发展和可持续发展之路,是重点生态功能区的最佳选择。绿色可持续发展不仅表现在经济增长上,同时还体现在经济均衡发展、生态保护、社会发展等综合效应上。为揭示江西省各县(市、区)绿色可持续发展的具体情况,本章根据绿色可持续发展的内涵,从经济、社会和环境三个维度构建绿色可持续发展指标体系,测算2001~2018年江西省80个县(市、区)绿色可持续发展指数及各分维度指数,并分析其时空差异特征及区域差异的长期演化趋势。本章结构安排如下:首先,梳理国内外关于绿色可持续发展指标体系的研究,为本书构建江西省绿色可持续发展指标体系提供借鉴和参考。其次,阐述绿色可持续发展指标体系的构建原则、具体内容和特点。再次,介绍绿色可持续发展指数的测算方法以及介绍研究区概况和数据来源情况。最后,根据绿色可持续发展指数及各分维度指数的测算结果,分析江西省绿色可持续发展指数和各分维度指数的时空差异特征,以及区域差异的长期演化趋势。

4.1　国内外绿色可持续发展指标体系的构建

　　绿色可持续发展是经济可持续发展和环境保护的协调统一，国外尚未有绿色可持续发展指标体系，但国外学者对可持续发展指标体系的研究非常深入，取得了丰硕的研究成果。联合国开发计划署提出的人类发展指数是最早提出的可持续发展指标体系，涵盖教育、寿命和收入等反映社会进步和人类福利的指标，并从 1990 年开始每年向全世界发布各个国家的人类发展指数。许多国际组织和国家在压力—状态—响应模型的基础上构建了可持续发展指标体系框架，如联合国可持续发展委员会的可持续发展指标体系，英国的可持续发展指标体系，联合国统计局的可持续发展指标体系等（边雷等，2006）。世界银行用"资本"或"财富"存量来衡量可持续发展能力，把可持续发展的经济、社会、生态目标和人力资本作为"资本"或"财富"的四种基本类型（刘国等，2007）。国际科学联合会环境问题科学委员会和联合国环境规划署合作提出了一套高度综合的可持续发展指标体系，涵盖源、汇、生命支持和人类福利四个方面（朱启贵，2000）。美国总统可持续发展理事会提出了涵盖经济繁荣、保护自然、健康与环境等十大可持续发展目标的可持续发展指标体系，由 54 个用来评价国家既定目标实现程度的指标构成（李天星，2013）。欧洲城市可持续发展指标体系由 16 个指标构成，该指标体系与政府政策紧密结合，易于操作和实现（Coetzee et al. ，2013）。美国西雅图市把经济、环境、文化和社会发展结合起来，构建能反映区域经济、环境、文化和社会协调可持续发展态势的可持续发展指标体系，涵盖 10 个主要发展指标以及 32 个详细指标（Wolfslehner & Vacik，2011）。此外，经济合作与发展组织构建了绿色增长指标体系，联合国环境规划署构建了绿色经济指标体系，联合国亚洲及太平洋经济社会委员会构建了绿色增长指标体系等。

我国学者认为，实施绿色战略是中国经济可持续发展的必然选择，在可持续发展概念的基础之上，提出了绿色发展的概念，并对绿色发展指标体系进行了大量研究，取得了一定进展。2010 年提出的绿色发展指数，是真正被称为绿色发展的综合指数。此后，北京师范大学连续几年发布中国绿色发展指数系列报告，使绿色发展指数实现了时空维度上的纵横向比较（李林子等，2021）。欧阳志云等（2009）、黄羿等（2012）构建了城市层面的绿色发展综合指数指标体系。2016 年，国家发展和改革委员会、国家统计局、原环保部、中共中央组织部制定了《绿色发展指标体系》，涵盖资源利用、环境治理、环境质量、生态保护、增长质量、绿色生活、公众满意程度 7 个一级指标和 56 个二级指标。江西绿色发展指数课题组在 2017 年提出了江西省绿色发展指数指标体系，涵盖绿色环境、绿色生产、绿色生活、绿色政策 4 个一级指标和 46 个二级指标，并测算了 2014～2016 年江西省及各市的绿色发展指数，此后，每年向社会公布江西省绿色发展指数报告。焦士兴等（2019）构建了河南省绿色发展评价的三级指标体系，采用基于熵权的综合评判法，评价了河南省绿色发展的综合水平。

综上，国内有关绿色发展指标体系的构建正处在探索阶段，评价维度主要侧重于资源利用、环境治理与保护、绿色增长、绿色生活等领域，对经济均衡发展的关注度较弱。虽然 2020 年我国已实现全面脱贫，但经济发展不平衡不充分问题仍然突出，城乡收入差距较大，不利于实现共同富裕的社会发展目标。基于此，本书分别从衡量绿色可持续发展的经济维度、社会维度和环境维度构建指标体系，将经济、社会、环境等反映绿色可持续发展各个侧面的因素纳入统一的指标体系。

4.2 江西省绿色可持续发展指标体系的 构建和分析方法

绿色可持续发展是经济、社会、环境协调发展的一种发展模式。江西省生态资源丰富，森林覆盖率高，开发难度大，脱贫后返贫的可能性很大，而且江西省属于经济欠发达地区，与经济发达地区相比，人均收入差距较大。因此，该省迫切需要借鉴国际经验，建立指标体系评估当前的绿色可持续发展水平，识别存在的主要问题，从而制定相应的政策提高绿色可持续发展水平。建立科学合理的绿色可持续发展指标体系是制定政策和指导实践的重要手段和前提。为此，本节构建了江西省绿色可持续发展指标体系，重点介绍了构建原则、指标体系的内容及其特点。

4.2.1 绿色可持续发展指标体系的构建原则

为了构建科学有效的绿色可持续发展指标体系，尽可能地反映出江西省经济发展、社会发展与环境保护的基本情况，揭露当地发展过程中存在的不足之处，本书从绿色可持续发展的已有研究成果与实践中吸取经验，结合江西省的实际现状，构建了江西省绿色可持续发展指标体系。绿色可持续发展指标体系的构建过程遵循如下原则：

（1）目的性原则。绿色可持续发展指标体系的构建需要在理论和实践上都有能够实现的明确目标，围绕该目标对绿色可持续发展的内涵特征和主要构成成分进行客观监测和描述。目的性原则要求构建的绿色可持续发展指标体系能达到预期目标。

（2）科学性原则。科学性原则要求绿色可持续发展指标体系的构建要以科学性为前提，必须体现绿色可持续发展的内涵，突出绿色可持续发展过程中的经济、社会、环境状况。

（3）系统性原则。绿色可持续发展是多维度因素共同作用的结果，这就要求在对其进行评价时，要广泛考虑各种可能的影响因素，同时将重要的影响因素列入评价指标体系，并将其分门别类，划分层次。基于前文对绿色可持续发展概念的界定，从经济、社会、环境三个方面构建指标体系，共包含 3 个一级指标，每个一级指标里均包含多个二级指标。

（4）可操作性原则。选入指标体系的各项指标不仅要对绿色可持续发展指数产生实际影响，还要能对指标进行数值上的衡量，而且指标数值应该是通过网络资源、实地调研等途径获取的，以便测算出绿色可持续发展指数值。

（5）全面性和代表性相结合的原则。指标体系一定要明确、清晰、简单、操控力度强。站在理论的角度，指标肯定是多比少好，细致比粗糙好，但片面追求指标体系的全面性，会给整个指标系统的运转、把控和核算等带来诸多难题。因此，对于每一类影响到绿色可持续发展成效的因素，应当从中筛选出适当数量的代表性因素进行研究，不必面面俱到。

（6）可比性原则。本书对江西省 80 个县（市、区）的绿色可持续发展指数进行测算，为实现不同县域之间横向比较的目的，在所有指标设置时，必须尽可能将指标量化，用数量来描述。另外，还需要考虑各地区资源禀赋的差异性，指标体系应该具有较好的包容性和可比性。

4.2.2　绿色可持续发展指标体系的具体内容及特点

依据江西省绿色可持续发展指标体系构建的原则，在借鉴众多学者已有研究成果的基础上，构建了由 3 个一级指标和 16 个二级指标构成的江西省绿色可持续发展指标体系。一级指标由经济发展、公共服务和环境保护三个方面组成，从经济、社会、环境三个方面综合衡量绿色可持续发展水平。二级指标包括人均GDP、城乡收入差距比、区域农村居民人均纯收入相对于全国平均水平、区域城镇居民人均可支配收入相对于全国平均水平、人均居民储蓄存款余额、人均居民贷款余额、每万人口中小学在校学生数、每万人口医疗卫生机构床位数、每万人口福利机构床位数、城乡基本医疗保险参保率、单位耕地面积化肥施用量、PM2.5 降低率、工业二氧化硫排放量降低率、人均水资源量、森林覆盖率及人均森林面积 16 个指标（见表 4-1）。其中，经济发展指标衡量经济增长及经济发展差距情况，是反映地区绿色可持续发展水平最直观的表现形式；公共服务指标衡量地区教育、医疗、社会保障等公共服务供给水平；环境保护指标衡量地区生态环境质量的改善情况（金贵等，2020）。

与以往指标体系不同的是，本书构建的江西省绿色可持续发展指标体系充分体现了缩小城乡发展差距、实现共同富裕的国家政策目标，以及江西省水资源丰富、森林覆盖率高的特点，不仅设置了人均 GDP、人均居民储蓄存款余额、人均居民贷款余额这些反映地区经济发展程度的指标，还设置了城乡收入差距比、区域农村居民人均纯收入相对于全国平均水平及区域城镇居民人均可支配收入相对于全国平均水平这些反映地区收入差距的指标，用于衡量江西省经济发展的可持续性。在具体指标的选取过程中，主要参考了《2010 中国绿色发展指数年度报告》和《中国绿色可持续发展指数报告（2016）》等，并结合江西省水资源和森林资源丰富的特征，增加了 PM2.5 降低率、人均水资源量、区域农村居民人均纯收入相对于全国平均水平、区域城镇居民人均可支配收入相对于全国平均水平等指标。

（1）经济发展。该指标表示经济均衡增长状况，是反映地区可持续发展水平最直观的表现形式。在该一级指标下，设立了人均 GDP、城乡收入差距比、区域农村居民人均纯收入相对于全国平均水平、区域城镇居民人均可支配收入相对于全国平均水平、人均居民储蓄存款余额及人均居民贷款余额 6 个二级指标。其中，人均 GDP、人均居民储蓄存款余额及人均居民贷款余额用于衡量地区经济增长情况；城乡收入差距比、区域农村居民人均纯收入相对于全国平均水平及区域城镇居民人均可支配收入相对于全国平均水平用于衡量地区经济均衡发展情况。

（2）公共服务。该指标衡量教育、医疗和社会保障等方面的改善情况，体现社会维度的减贫成效。在该一级指标下，设立了每万人口中小学在校学生数、每万人口医疗卫生机构床位数、每万人口福利机构床位数及城乡基本医疗保险参保率4个二级指标。

（3）环境保护。该指标衡量环境质量的改善情况，揭示地区在经济发展过程中的生态环境效应，是绿色可持续发展中"绿色"部分的核心内容。在该一级指标下，设立了单位耕地面积化肥施用量、PM2.5降低率、工业二氧化硫排放量降低率、人均水资源量、森林覆盖率及人均森林面积6个二级指标，用来衡量地区资源禀赋和环境治理效果。

表4-1　江西省绿色可持续发展评级指标体系

一级指标	二级指标	指标属性	权重
经济发展	人均GDP（元）	+	0.1054
	城乡收入差距比（%）	−	0.0215
	区域农村居民人均纯收入相对于全国平均水平（%）	+	0.0607
	区域城镇居民人均可支配收入相对于全国平均水平（%）	+	0.0215
	人均居民储蓄存款余额（元/人）	+	0.0885
	人均居民贷款余额（元/人）	+	0.1333
公共服务	每万人口中小学在校学生数（人/万人）	+	0.0353
	每万人口医疗卫生机构床位数（床/万人）	+	0.0895
	每万人口福利机构床位数（床/万人）	+	0.0990
	城乡基本医疗保险参保率（%）	+	0.0583
环境保护	单位耕地面积化肥施用量（吨/千公顷）	−	0.0109
	PM2.5降低率（%）	+	0.0358
	工业二氧化硫排放量降低（%）	+	0.0188
	人均水资源量（亿立方米/万人）	+	0.0996
	森林覆盖率（%）	+	0.0279
	人均森林面积（公顷/人）	+	0.0938

4.2.3 绿色可持续发展指数的测算方法和步骤

本书主要按照以下方法和步骤测算江西省绿色可持续发展指数。

4.2.3.1 熵权法确定权重

熵权法是一种客观权重法,通过指标提供信息量的多少来确定权重值,提供的信息量越多,在综合评价中起的作用越大,其权重越大。具体计算步骤如下:

第一步,将指标 s_{ij} 进行标准化处理。当 s_{ij} 为正向指标时,其标准化公式如下:

$$s_{ij} = \frac{x_{ij} - x_{imin}}{x_{imax} - x_{imin}} \tag{4-1}$$

当 s_{ij} 为负向指标时,其标准化公式如下:

$$s_{ij} = \frac{x_{imax} - x_{ij}}{x_{imax} - x_{imin}} \tag{4-2}$$

式中, x_{imax} 表示第 i 项指标的最大值(i = 1, 2, …, m), x_{imin} 表示第 i 项指标的最小值, x_{ij} 为第 i 项指标在第 j 年的指标值, s_{ij} 为第 i 项指标在第 j 年的标准化指标值。

第二步,为了计算的统一与方便,将标准化后的数值进行平移处理,其公式如下:

$$r_{ij} = H + s_{ij} \tag{4-3}$$

式中, H 为指标平移的幅度,一般取 1。

第三步,利用标准化后的数据构建指标数据关系矩阵 R,其公式如下:

$$R = (r_{ij})_{m \times n} = \begin{bmatrix} r_{11} & r_{12} & \cdots & r_{1n} \\ r_{21} & r_{22} & \cdots & r_{2n} \\ \vdots & \vdots & \vdots & \vdots \\ r_{m1} & r_{m2} & \cdots & r_{mn} \end{bmatrix} \tag{4-4}$$

式中, R 由标准化后的指标数据构成, m 表示评价指标的个数, n 表示评价

重点生态功能区转移支付对绿色可持续发展的影响研究

指标的年份数。

第四步，根据公式（4-4），采用熵权法计算第 i 项指标的熵值 e_i，其公式如下：

$$e_i = -\frac{1}{\ln n}\sum_{j=1}^{n}\left(f_{ij}\ln f_{ij}\right) \tag{4-5}$$

$$f_{ij} = \frac{r_{ij}}{\sum\limits_{j=1}^{n} r_{ij}} \tag{4-6}$$

第五步，计算各评价指标的权重 w_{1i}，计算公式如下：

$$w_{1i} = \frac{1 - e_i}{m - \sum\limits_{i=1}^{m} e_i} \tag{4-7}$$

4.2.3.2 变异系数法确定权重

变异系数为某指标均值与其标准差之比，变异系数法通过计算各项指标信息得到权重值，是计算权重的一种客观方法，能有效反映各个指标的差距。计算过程如下：

第 i 项指标的变异系数 v_i 的计算公式如下：

$$v_i = \frac{\sigma_i}{\overline{x_i}} \tag{4-8}$$

其中，σ_i 表示第 i 项指标的标准差，$\overline{x_i}$ 表示第 i 项指标的均值。

各评价指标的权重 w_{2i} 的计算公式如下：

$$w_{2i} = \frac{v_i}{\sum\limits_{i=1}^{m} v_i} \tag{4-9}$$

4.2.3.3 变异系数法和熵权法组合权重

由于熵权法在测算指标权重时未考虑指标之间的影响，所以权重可能失真。为了使指标赋权更加合理，本书借鉴陈红光等（2021）的做法，将熵权法和变异系数法确定的权重进行耦合得到权重 w_i。

$$minF = \sum_{i=1}^{m} w_i(lnw_i - lnw_{1i}) + \sum_{i=1}^{m} w_i(lnw_i - lnw_{2i}) \qquad (4-10)$$

式中，$\sum_{i=1}^{m} w_i = 1$，$w_i > 0$。根据拉格朗日乘子法，可以求解上式最优化问题，得到权重 w_i。

$$w_i = \frac{\sqrt{w_{1i} \times w_{2i}}}{\sum_{i=1}^{m} \sqrt{w_{1i} \times w_{2i}}} \qquad (4-11)$$

4.2.3.4 绿色可持续发展指数测算

绿色可持续发展指数是反映地区经济、社会、环境协同发展的综合度量数值，因此，采用综合评价方法对绿色可持续发展指数进行测算，得到最终的绿色可持续发展指数 Y。

$$Y = R \times W = r_{ij} \times w_{ij} \qquad (4-12)$$

4.3 研究区概况与数据来源

4.3.1 研究区概况

江西省位于中国东南部，长江中下游南岸，行政区划包括 11 个设区市，管辖县（市、区）100 个，全境以山地、丘陵为主，森林覆盖率高达 63.1%，水资源丰富。江西省以山地、丘陵为主的地形导致其工业发展水平低，经济发展受阻，与发达地区相比差距较大。

国家重点生态功能区是国家为优化国土资源空间格局、坚定不移地实施主体功能区制度、推进生态文明制度建设所划定的重点区域。2008 年，中央财政在均衡性转移支付项下设立国家重点生态功能区转移支付，对属于国家重点生态功能区的县（市、区、旗）给予均衡性转移支付。笔者在撰写本书之前，前往江西省财政厅对江西省重点生态功能区转移支付资金的分配情况进行了详细调研，了解到江西省并不是只有国家级重点生态功能区享受重点生态功能区转移支付，而是省政府根据各县（市、区）的实际情况，将中央财政下拨的重点生态功能区转移支付重新分配给生态资源丰富的县（市、区），促进其保护环境和改善民生。截至 2018 年，江西省共有 76 个县（市、区）享受过重点生态功能区转移支付，但可获取研究数据的只有 60 个县（市、区）①，并且这 60 个县（市、区）并不是同时享受转移支付的，其中，2009 年、2010 年、2011 年、2012 年、2013年、2014 年、2015 年、2016 年、2017 年及 2018 年分别有 10 个、23 个、46 个、47 个、48 个、48 个、49 个、58 个、60 个及 60 个县（市、区）享受过重点生态功能区转移支付。

4.3.2 数据来源

江西省包括南昌县、新建区等 100 个县（市、区），但由于湾里区等 19 个市辖区和共青城市数据严重缺失，为了保证研究结果的可信性，本章的研究区域仅包括可获得数据的南昌县等 80 个县（市、区），其中，享受过重点生态功能区转移支付的有 60 个县（市、区），其余 20 个县（市、区）未享受重点生态功能区转移支付，研究年限为 2001~2018 年。研究数据主要来源于历年《中国统计年鉴》《中国县域统计年鉴》《中国林业和草原统计年鉴》《江西统计年鉴》《南昌统计年鉴》《九江统计年鉴》《景德镇统计年鉴》《上饶统计年鉴》《鹰潭统计年

---

① 享受重点生态功能区转移支付的 60 个县（市、区）具体名单如下：南昌县、新建区、进贤县、安义县、乐平市、浮梁县、莲花县、芦溪县、修水县、武宁县、永修县、德安县、都昌县、湖口县、彭泽县、庐山市、贵溪市、赣县区、南康区、信丰县、大余县、上犹县、崇义县、安远县、龙南市、定南县、全南县、宁都县、于都县、兴国县、瑞金市、会昌县、寻乌县、石城县、樟树市、宜丰县、靖安县、铜鼓县、广丰区、铅山县、横峰县、弋阳县、余干县、鄱阳县、万年县、婺源县、永丰县、泰和县、遂川县、万安县、安福县、永新县、井冈山市、南丰县、黎川县、宜黄县、资溪县、广昌县、东乡区、广信区；未享受重点生态功能区支付的县（市、区）具体名单如下：上栗县、分宜县、柴桑区、瑞昌市、余江区、吉安县、吉水县、峡江县、新干县、奉新县、万载县、上高县、丰城市、高安市、南城县、崇仁县、乐安县、金溪县、玉山县、德兴市。

鉴》《抚州统计年鉴》《吉安统计年鉴》《新余统计年鉴》《宜春统计年鉴》及历年各县（市、区）国民经济和社会发展统计公报。部分数据基于年鉴数据计算获得。PM2.5 数据是根据加拿大达尔豪斯大学大气成分分析组（Atmospheric Composition Analysis Group）发布的 PM2.5 数据，利用 ArcGIS 解析而成。该网站的数据是利用 NASA 卫星以及地面监测站的数据综合估测的，精度较好。另外，为了消除通货膨胀的影响，各县（市、区）人均 GDP 根据 2000 年 GDP 平减指数进行调整，农村居民人均纯收入、城镇居民可支配收入、人均居民储蓄存款余额和人均居民贷款余额根据 2000 年居民消费价格指数进行调整。

4.3.3　离群点与缺失数据处理

都昌县 2001~2005 年每万人口福利机构床位数在 0~0.50 之间，庐山市 2017 年和 2018 年每万人口福利机构床位数为 645.55 和 627.98，其余地区 2001~2018 年每万人口福利机构床位数在 5~68.33 之间。在绿色可持续发展指数的测算过程中，需要对原始数据进行标准化处理。离群点的出现会导致数据经过标准化处理后大部分数据过小甚至接近于零。为了避免这种情况，本书将每万人口福利机构床位数中大于 68.33 的数据都设定为 68.33，小于 5 的数据都设定为 5。

单位耕地面积化肥施用量、城乡基本医疗保险参保率及森林覆盖率指标有部分数据缺失，主要采用均值替换法和回归替换法来填充缺失数据。

4.4　江西省绿色可持续发展指数的时空差异分析

本节基于变异系数熵权法，利用 Matlab 软件测算江西省 80 个县（市、区）2001~2018 年的绿色可持续发展指数，以及经济发展、公共服务供给和环境保护三个分维度指数，并揭示江西省绿色可持续发展指数的时空差异特征。因经济发

重点生态功能区转移支付对绿色可持续发展的影响研究

展、公共服务和环境保护这些一级指标权重不同，为体现不同维度间的可比性，对各一级指标权重进行了归一化处理。

4.4.1 江西省绿色可持续发展指数的动态变化特征

基于历年江西省80个县（市、区）的绿色可持续发展指数平均值、经济发展指数平均值、公共服务指数平均值和环境保护指数平均值，绘制2001~2018年江西省绿色可持续发展指数及各分维度指数的变化趋势图（见图4-1），以更清晰地展现江西省绿色可持续发展指数的动态变化特征。

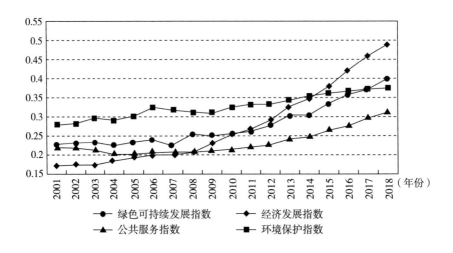

图4-1 2001~2018年江西省绿色可持续发展指数及各分维度指数的变化趋势

从图4-1可以看出，2001~2018年江西省绿色可持续发展指数和三个分维度指数总体均呈波动上升态势，其中，绿色可持续发展指数的上升幅度为75.99%，经济发展指数的上升幅度高达187.05%，公共服务指数和环境保护指数的上升幅度分别为44.05%和34.07%。由此可见，各分维度指数的上升共同导致了绿色可持续发展指数的上升，而经济发展指数上升是最主要的原因。从各年份的具体变化来看，绿色可持续发展指数仅在2004年、2007年、2009年和2014年出现下

·50·

降，其余年份均上升。绿色可持续发展指数的变化率整体波动较小，其中，绿色可持续发展指数上升幅度最大的年份为 2008 年，上升了 14.22%，其次是 2015 年，上升了 9.87%；绿色可持续发展指数在 2007 年下降幅度最大，为 6.49%。经济发展指数仅在 2007 年出现下降，其余年份均上升。经济发展指数的变化率整体波动较小，其中，经济发展指数上升幅度最大的是 2013 年，上升了 13.70%，其次是 2009 年，上升了 12.38%；经济发展指数在 2007 年下降了 0.84%。公共服务指数仅在 2003 年和 2004 年出现下降，其余年份均上升。公共服务指数的变化率整体偏小，其中，公共服务指数上升幅度最大的是 2017 年，上升了 7.70%，其次是 2015 年，上升了 7.66%；公共服务指数在 2003 年和 2004 年下降幅度分别为 3.42% 和 4.37%。环境保护指数仅在 2004 年、2007 年、2008 年和 2009 年出现下降，其余年份均上升。环境保护指数的变化率整体偏小，其中，环境保护指数上升幅度最大的年份是 2006 年，上升了 6.18%，其次是 2003 年，上升了 4.94%；环境保护指数下降幅度最大的年份是 2004 年，下降了 2.37%，其次是 2008 年，下降了 2.02%。

4.4.2 江西省绿色可持续发展指数的空间格局演变

前文主要从平均值的角度对江西省绿色可持续发展指数的变化趋势进行分析，但不能反映江西省绿色可持续发展指数的空间格局演变规律。基于此，本节运用 Stata 15.0 软件，采用核密度函数对江西省各县（市、区）绿色可持续发展指数的分布动态演变特征进行估计，以此揭示江西省绿色可持续发展指数的空间格局演变特征。

4.4.2.1 绿色可持续发展指数的空间格局演变特征

首先以高斯分布为核函数，得到绿色可持续发展指数截面分布的核密度函数，在此基础上，选取 2001 年、2007 年、2013 年和 2018 年的数据绘制江西省绿色可持续发展指数分布的核密度曲线，如图 4-2 所示。图中的横轴表示绿色可持续发展指数值，纵轴表示密度。

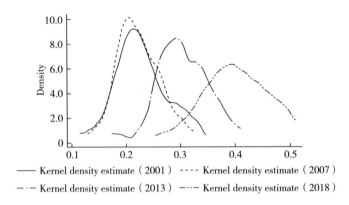

图 4-2   绿色可持续发展指数的核密度估计

图 4-2 的绿色可持续发展指数的核密度估计结果显示：2001～2007 年绿色可持续发展指数的核密度曲线的波峰位置向左移动，波峰高度增加，右尾缩短，说明江西省绿色可持续发展指数的整体水平有所降低，但各县（市、区）绿色可持续发展指数的集中程度增加；2007～2013 年曲线整体继续向右移动，波峰高度下降，波峰由尖峰形向宽峰形转变，说明这期间江西省绿色可持续发展指数的整体水平有所提高，但各县（市、区）绿色可持续发展指数的集中程度下降，分散程度增加；2013～2018 年曲线整体继续向右移动，波峰高度继续下降，波峰宽度进一步变宽，波峰由"双峰"向"单峰"转变，说明这期间江西省绿色可持续发展指数的整体水平继续提高，但各县（市、区）绿色可持续发展指数的提升速度不一致，导致集中程度下降，分散程度增加。总体来看，2001～2018 年江西省绿色可持续发展指数的整体水平提高，且各县（市、区）绿色可持续发展指数的集中程度下降，没有表现出收敛特征。

4.4.2.2   经济发展指数的空间格局演变特征

首先以高斯分布为核函数，得到经济发展指数截面分布的核密度函数，在此基础上，选取 2001 年、2007 年、2013 年和 2018 年的数据绘制江西省经济发展指数分布的核密度曲线，如图 4-3 所示。图中的横轴表示经济发展指数值，纵轴表示密度。

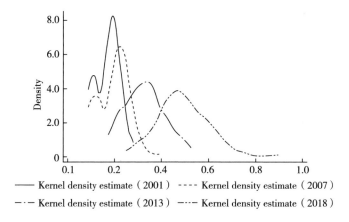

图 4-3　经济发展指数的核密度估计

图 4-3 的经济发展指数的核密度估计结果显示：2001～2007 年经济发展指数的核密度曲线整体向右移动，波峰高度下降，说明江西省经济发展指数的整体水平有所提高，但各县（市、区）经济发展指数的集中程度下降，分散程度增加；2007～2013 年经济发展指数的核密度曲线整体继续向右移动，波峰高度下降，波峰由尖峰形向宽峰形转变，说明这期间江西省经济发展指数的整体水平继续提高，但各县（市、区）经济发展指数的提升速度不一致，导致集中程度下降，分散程度增加；2013～2018 年经济发展指数的核密度曲线整体继续向右移动，波峰由"双峰"向"单峰"转变，右尾不断延长，说明江西省经济发展指数的整体水平继续提高，但其中一些县（市、区）经济发展指数提升较快，导致各县（市、区）经济发展指数差距变大。总体来看，2001～2018 年江西省经济发展指数的整体水平提高，但其中一些县（市、区）经济发展指数提升较快，导致各县（市、区）经济发展指数差距变大，分散程度增加。

4.4.2.3　公共服务指数的空间格局演变特征

首先以高斯分布为核函数，得到公共服务指数截面分布的核密度函数，在此基础上，选取 2001 年、2007 年、2013 年和 2018 年的数据绘制江西省公共服务指数分布的核密度曲线，如图 4-4 所示。图中的横轴表示公共服务指数值，纵轴表示密度。

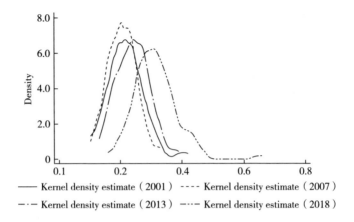

— Kernel density estimate（2001）---- Kernel density estimate（2007）
—·— Kernel density estimate（2013）—··— Kernel density estimate（2018）

图 4-4　公共服务指数的核密度估计

图 4-4 的公共服务指数的核密度估计结果显示：2001~2007 年公共服务指数的核密度曲线的波峰位置没有明显移动，波峰高度增加，说明江西省各县（市、区）公共服务指数的集中程度增加；2007~2013 年曲线整体向右移动，波峰高度下降，说明这期间江西省公共服务指数的整体水平有所提高，但各县（市、区）公共服务指数的集中程度下降，分散程度增加；2013~2018 年曲线整体继续向右移动，波峰高度继续下降，右尾不断延长，说明江西省公共服务指数的整体水平继续提高，但各县（市、区）公共服务指数的提升速度不一致，且有少数县（市、区）公共服务指数的提升速度过快，导致各县（市、区）公共服务指数差距变大，集中程度下降。总体来看，2001~2018 年江西省公共服务指数的整体水平提高，但其中一些县（市、区）公共服务指数提升较快，导致各县（市、区）公共服务指数差距变大，分散程度增加。

4.4.2.4　环境保护指数的空间格局演变特征

首先以高斯分布为核函数，得到环境保护指数截面分布的核密度函数，在此基础上，选取 2001 年、2007 年、2013 年和 2018 年的数据绘制江西省环境保护指数分布的核密度曲线，如图 4-5 所示。图中的横轴表示环境保护指数值，纵轴表示密度。

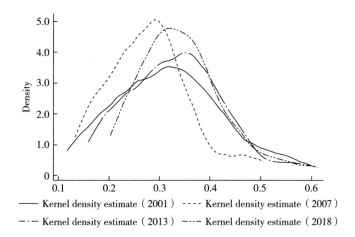

图 4-5 环境保护指数的核密度估计

图 4-5 的环境保护指数的核密度估计结果显示：2001~2007 年环境保护指数的核密度曲线的波峰位置向左移动，波峰高度增加，波峰由宽峰形向尖峰形转变，左尾缩短，说明江西省环境保护指数的整体水平有所下降，但各县（市、区）环境保护指数的集中程度增加；2007~2013 年核密度曲线的波峰向右移动，波峰高度下降，波峰由尖峰形向宽峰形转变，说明这期间江西省环境保护指数的整体水平有所提高，但各县（市、区）环境保护指数的提升速度不一致，导致集中程度下降，分散程度增加；2013~2018 年波峰位置没有明显移动，波峰高度进一步增加，左尾缩短，说明江西省环境保护指数水平较低的县（市、区）环境保护指数水平有所提高，使得各县（市、区）环境保护指数的集中程度增加，但仍未呈现收敛趋势。总体来看，2001~2018 年江西省环境保护指数较低的县（市、区）环境保护指数提升较快，使得各县（市、区）环境保护指数的集中程度增加。

4.4.3 江西省绿色可持续发展指数区域差异的长期演化趋势

上述核密度函数的估计结果显示，江西省绿色可持续发展指数存在区域差异，但未能揭示绿色可持续发展指数的区域差异是否长期存在。本节运用马尔可夫链方法考察每个县（市、区）在绿色可持续发展指数截面分布中相对位置的动态变化规律，以揭示绿色可持续发展指数区域差异的长期演化趋势。

4.4.3.1 绿色可持续发展指数区域差异的长期演化趋势分析

根据江西省各县（市、区）绿色可持续发展指数的测算结果，采用四分位数方法，将各县（市、区）绿色可持续发展指数的离散程度分为低水平、中低水平、中高水平及高水平四种类型。为了具体分析绿色可持续发展指数区域差异的变化规律，分别测算了 2001~2009 年、2009~2018 年和 2001~2018 年绿色可持续发展指数的马尔可夫转移矩阵（见表 4-2）。表 4-2 中的样本数表示初始时期落在各状态水平类型中的县（市、区）个数，对角线上的转移概率表示县（市、区）绿色可持续发展指数的水平类型不发生转移的概率，非对角线上的转移概率表示县（市、区）绿色可持续发展指数的水平类型向上或向下转移的概率。

表 4-2　绿色可持续发展指数的马尔可夫转移矩阵

时间	类型	样本数	低水平	中低水平	中高水平	高水平
2001~2009 年	低水平	296	0.8378	0.1588	0.0034	0.0000
	中低水平	192	0.1667	0.6979	0.1302	0.0052
	中高水平	123	0.0081	0.1301	0.7480	0.1138
	高水平	29	0.0000	0.0000	0.4138	0.5862
2009~2018 年	低水平	83	0.6094	0.3750	0.0156	0.0000
	中低水平	171	0.0181	0.6265	0.3554	0.0000
	中高水平	224	0.0000	0.0388	0.6336	0.3276
	高水平	242	0.0000	0.0000	0.0271	0.9729
2001~2018 年	低水平	360	0.7972	0.1972	0.0056	0.0000
	中低水平	358	0.0978	0.6648	0.2346	0.0028
	中高水平	355	0.0028	0.0704	0.6732	0.2535
	高水平	287	0.0000	0.0000	0.0662	0.9338

根据表4-2可以得到如下结论：

（1）绿色可持续发展指数的流动性相对较弱。通过观察可以发现，在三个不同的时间段，对角线上的概率值均高于非对角线上的概率值，说明无论在哪个时间段，绿色可持续发展指数的水平类型均趋于维持现状，转移到其他的水平类型的概率相对较小。另外，各县（市、区）绿色可持续发展指数的水平类型的转移大多发生在相邻状态，而跨越式发展的概率很小，说明江西省各县（市、区）绿色可持续发展指数难以实现跨越式发展。

（2）各县（市、区）绿色可持续发展指数存在集聚现象。从整个研究时段（2001~2018年）来看，初始时期处于低水平类型的县（市、区），在随后的年份中仍然维持低水平类型的概率为0.7972，向上转移的概率仅为0.2028。初始时期处于高水平类型的县（市、区），在随后的年份中仍维持高水平类型的概率为0.9338，向下转移的概率仅为0.0662。初始时期处于中低水平类型和中高水平类型的县（市、区），在随后的年份中仍维持中低水平类型和中高水平类型的概率分别达到了0.6648和0.6732。综上，江西省绿色可持续发展指数存在一定程度的集聚。

前文借助马尔可夫转移矩阵对绿色可持续发展指数的水平类型的变化规律进行了分析，在此基础上，通过测算绿色可持续发展指数的初始分布与稳态分布概率，分析绿色可持续发展指数等级分布的长期均衡状态。表4-3为绿色可持续发展指数的初始分布与稳态分布概率，从各水平类型稳态分布的概率值来看，无论初期绿色可持续发展指数属于哪种类型，经过一段时间后，各县（市、区）绿色可持续发展指数属于低水平类型的概率为0.0303，属于中低水平类型的概率为0.0574，属于中高水平类型的概率为0.1884，属于高水平类型的概率为0.7239，说明江西省绿色可持续发展指数仍分散于四种水平类型。对初始分布概率和稳态分布概率进行比较可知，绿色可持续发展指数处于高水平类型的概率大幅度增加，而处于中高水平类型、中低水平类型与低水平类型的概率均有所减小，且这三种水平类型在稳态分布中的比重仅占27.61%。如果江西省绿色可持续发展指数继续按此趋势变动，那么各县（市、区）绿色可持续发展指数的差异将会持续存在，短期内不会实现均衡发展。

表4-3　绿色可持续发展指数的初始分布与稳态分布概率

水平类型	低水平	中低水平	中高水平	高水平
初态分布	0.4625	0.3250	0.2000	0.0125
稳态分布	0.0303	0.0574	0.1884	0.7239

4.4.3.2　经济发展指数区域差异的长期演化趋势分析

为了具体分析经济发展指数区域差异的变化规律，分别测算了2001~2009年、2009~2018年和2001~2018年经济发展指数的马尔可夫矩阵（见表4-4）。表4-4中的样本数表示初始时期落在各状态水平类型中的县（市、区）个数，对角线上的转移概率表示县（市、区）经济发展指数的水平类型在不同时间段内保持不变的概率，非对角线上的转移概率表示县（市、区）经济发展指数的水平类型向上或向下转移的概率。

表4-4　经济发展指数的马尔可夫转移矩阵

时间	类型	样本数	低水平	中低水平	中高水平	高水平
2001~2009年	低水平	285	0.8983	0.1018	0.0000	0.0000
	中低水平	271	0.0185	0.8487	0.1328	0.0000
	中高水平	82	0.0000	0.0610	0.8902	0.0488
	高水平	2	0.0000	0.0000	0.5000	0.5000
2009~2018年	低水平	75	0.6533	0.3467	0.0000	0.0000
	中低水平	89	0.0337	0.4607	0.5056	0.0000
	中高水平	270	0.0000	0.0000	0.7407	0.2593
	高水平	286	0.0000	0.0000	0.0035	0.9965
2001~2018年	低水平	360	0.8472	0.1528	0.0000	0.0000
	中低水平	360	0.0222	0.7528	0.2250	0.0000
	中高水平	352	0.0000	0.0142	0.7756	0.2102
	高水平	288	0.0000	0.0000	0.0069	0.9931

根据表 4-4 可以得到如下结论：

（1）经济发展指数的流动性相对较弱。通过观察可以发现，在三个不同的时间段，对角线上的概率值绝大部分高于非对角线上的概率值，说明无论在哪个时间段，经济发展指数的水平类型大概率趋于维持现状，转移到其他水平类型的概率相对较小。另外，各县（市、区）经济发展指数的水平类型的转移大多发生在相邻状态，而跨越式发展的概率很小，说明江西省各县（市、区）经济发展指数难以实现跨越式发展。

（2）各县（市、区）经济发展指数存在集聚现象。从整个研究时段（2001~2018 年）来看，初始时期处于低水平类型的县（市、区），在随后的年份中仍然维持低水平类型的概率为 0.8472，向上转移的概率仅为 0.1528。初期处于高水平类型的县（市、区），在随后的年份中仍维持高水平类型的概率为 0.9931，向下转移的概率仅为 0.0069。初始时期处于中低水平类型和中高水平类型的县（市、区），在随后的年份中仍维持中低水平类型和中高水平类型的概率分别达到了 0.7528 和 0.7756。综上，江西省经济发展指数存在一定程度的集聚。

前文借助马尔可夫转移矩阵对经济发展指数的水平类型的变化规律进行了分析，在此基础上，通过测算经济发展指数的初始分布与稳态分布概率，分析经济发展指数等级分布的长期均衡状态。表 4-5 为经济发展指数的初始分布与稳态分布概率，从各水平类型稳态分布的概率值来看，无论初期经济发展指数属于哪种类型，经过一段时间后，各县（市、区）经济发展指数属于低水平类型的概率为 0.0003，属于中低水平类型的概率为 0.0020，属于中高水平类型的概率为 0.0319，属于高水平类型的概率为 0.9658，说明江西省经济发展指数主要分布于高水平类型。对初始分布概率和稳态分布概率进行比较可知，经济发展指数处于高水平类型的概率有所增加，而处于中高水平类型、中低水平类型与低水平类型的概率均有所减小，且高水平类型在稳态分布中的比重高达 96.58%。如果江西省经济发展指数继续按此趋势变动，那么绝大部分地区的经济发展指数仍将处于高水平类型，仅有极少部分地区处于其他三种水平类型，且短期内不会实现均衡发展。

表4-5 经济发展指数的初始分布与稳态分布概率

水平类型	低水平	中低水平	中高水平	高水平
初态分布	0.5875	0.3625	0.0500	0.0000
稳态分布	0.0003	0.0020	0.0319	0.9658

4.4.3.3 公共服务指数区域差异的长期演化趋势分析

为了具体分析公共服务指数区域差异的变化规律，分别测算了2001~2009年、2009~2018年和2001~2018年公共服务指数的马尔可夫矩阵（见表4-6）。表4-6中的样本数表示初始时期落在各状态水平类型中的县（市、区）个数，对角线上的转移概率表示县（市、区）公共服务指数的水平类型在不同时间段内保持不变的概率，非对角线上的转移概率表示县（市、区）公共服务指数的水平类型向上或向下转移的概率。

表4-6 公共服务指数的马尔可夫转移矩阵

时间	类型	样本数	低水平	中低水平	中高水平	高水平
2001~2009年	低水平	231	0.7836	0.1991	0.0087	0.0087
	中低水平	186	0.2473	0.5215	0.2043	0.0269
	中高水平	143	0.0210	0.3077	0.5245	0.1469
	高水平	80	0.0250	0.0875	0.3375	0.5500
2009~2018年	低水平	130	0.6692	0.2154	0.1000	0.0154
	中低水平	165	0.0727	0.5939	0.2970	0.0364
	中高水平	205	0.0146	0.0927	0.5707	0.3220
	高水平	220	0.0045	0.0091	0.0727	0.9136
2001~2018年	低水平	361	0.7424	0.2050	0.0416	0.0111
	中低水平	351	0.1652	0.5556	0.2479	0.0313
	中高水平	348	0.0172	0.1810	0.5517	0.2500
	高水平	300	0.0100	0.0300	0.1433	0.8167

根据表4-6可以得到如下结论：

（1）公共服务指数的流动性相对较弱。通过观察可以发现，在三个不同的时间段，对角线上的概率值均高于非对角线上的概率值，说明无论在哪个时间段，公共服务指数的水平类型均趋于维持现状，转移到其他水平类型的概率相对较小。另外，各县（市、区）公共服务指数的水平类型的转移大多发生在相邻状态，而跨越式发展的概率很小，说明江西省各县（市、区）公共服务指数难以实现跨越式发展。

（2）各县（市、区）公共服务指数存在集聚现象。从整个研究时段（2001～2018 年）来看，初始时期处于低水平类型的县（市、区），在随后的年份中仍然维持低水平类型的概率为 0.7424，向上转移的概率仅为 0.2576。初始时期处于高水平类型的县（市、区），在随后的年份中仍维持高水平类型的概率为 0.8167，向下转移的概率仅为 0.1833。初始时期处于中低水平类型和中高水平类型的县（市、区），在随后的年份中仍维持中低水平类型和中高水平类型的概率分别达到了 0.5556 和 0.5517。综上，江西省公共服务指数存在一定程度的集聚。

前文借助马尔可夫转移矩阵对公共服务指数的水平类型的变化规律进行了分析，在此基础上，通过测算公共服务指数的初始分布与稳态分布概率，分析公共服务指数等级分布的长期均衡状态。表 4-7 为公共服务指数的初始分布与稳态分布概率，从各水平类型稳态分布的概率值来看，无论初期公共服务指数属于哪种类型，经过一段时间后，各县（市、区）公共服务指数属于低水平类型的概率为 0.2922，属于中低水平类型的概率为 0.2423，属于中高水平类型的概率为 0.2435，属于高水平类型的概率为 0.2221，说明江西省公共服务指数最终均匀分散于四种水平类型，各县（市、区）公共服务指数的差异将会持续存在，短期内不会实现均衡发展。

表 4-7　公共服务指数的初始分布与稳态分布概率

水平类型	低水平	中低水平	中高水平	高水平
初始分布	0.3375	0.2125	0.2750	0.1750
稳态分布	0.2922	0.2423	0.2435	0.2221

4.4.3.4 环境保护指数区域差异的长期演化趋势分析

为了具体分析环境保护指数区域差异的变化规律，分别测算了 2001~2009 年、2009~2018 年和 2001~2018 年环境保护指数的马尔可夫矩阵（见表 4-8）。表 4-8 中的样本数表示初始时期落在各状态水平类型中的县（市、区）个数，对角线上的转移概率表示县（市、区）环境保护指数的水平类型在不同时间段内保持不变的概率，非对角线上的转移概率表示县（市、区）环境保护指数的水平类型向上或向下转移的概率。

表 4-8 环境保护指数的马尔可夫转移矩阵

时间	类型	样本数	低水平	中低水平	中高水平	高水平
2001~2009 年	低水平	160	0.8188	0.1500	0.0313	0.0000
	中低水平	157	0.1529	0.5605	0.2102	0.0764
	中高水平	146	0.0205	0.3014	0.4521	0.2260
	高水平	177	0.0000	0.0113	0.2486	0.7401
2009~2018 年	低水平	190	0.7790	0.2000	0.0211	0.0000
	中低水平	186	0.1559	0.5215	0.3172	0.0054
	中高水平	184	0.0109	0.2663	0.5163	0.2065
	高水平	160	0.0000	0.0063	0.2375	0.7563
2001~2018 年	低水平	350	0.7971	0.1771	0.0257	0.0000
	中低水平	343	0.1545	0.5394	0.2682	0.0379
	中高水平	330	0.0152	0.2818	0.4879	0.2152
	高水平	337	0.0000	0.0089	0.2433	0.7478

根据表 4-8 可以得到如下结论：

（1）环境保护指数的流动性相对较弱。通过观察可以发现，2001~2009 年和 2001~2018 年，对角线上的概率值均高于非对角线上的概率值，2009~2018 年低水平类型转移到中低水平类型的概率最大，其他水平类型维持现状的概率最大。总体来说，环境保护指数的水平类型均趋于维持现状，转移到其他水平类型的概率相对较小。另外，各县（市、区）环境保护指数的水平类型的转移大多发生在相邻状态，而跨越式发展的概率很小，说明江西省各县（市、区）环境保护指数难以实现跨越式发展。

（2）各县（市、区）环境保护指数存在集聚现象。从整个研究时段（2001～2018 年）来看，初始时期处于低水平类型的县（市、区），在随后的年份中仍然维持低水平类型的概率为 0.7971，向上转移的概率仅为 0.2029。初始时期处于高水平类型的县（市、区），在随后的年份中仍维持高水平类型的概率为 0.7478，向下转移的概率仅为 0.2522。初始时期处于中低水平类型和中高水平类型的县（市、区），在随后的年份中仍维持中低水平类型和中高水平类型的概率分别达到了 0.5394 和 0.4879。综上，江西省环境保护指数存在一定程度的集聚。

前文借助马尔可夫转移矩阵对环境保护指数的水平类型的变化规律进行了分析，在此基础上，通过测算环境保护指数的初始分布与稳态分布概率，分析环境保护指数等级分布的长期均衡状态。表 4-9 为环境保护指数的初始分布与稳态分布概率，从各水平类型稳态分布的概率值来看，无论初期环境保护指数属于哪种类型，经过一段时间后，各县（市、区）环境保护指数属于低水平类型的概率为 0.2116，属于中低水平类型的概率为 0.2514，属于中高水平类型的概率为 0.2694，属于高水平类型的概率为 0.2676，说明江西省环境保护指数最终均匀分散于四种水平类型，各县（市、区）环境保护指数的差异将会持续存在，短期内不会实现均衡发展。

表 4-9　环境保护指数的初始分布与稳态分布概率

水平类型	低水平	中低水平	中高水平	高水平
初态分布	0.2875	0.2125	0.2000	0.3000
稳态分布	0.2116	0.2514	0.2694	0.2676

4.5 本章小结

绿色可持续发展指数及各分维度指数的测算是后文实证分析的基础，本章选择变异系数法和熵权法对江西省 80 个县（市、区）2001~2018 年绿色可持续发展指数及各分维度指数进行了测算，主要结论如下：

第一，从绿色可持续发展指数及各分维度指数的动态变化特征来看，2001~2018 年，江西省绿色可持续发展指数和三个分维度指数总体均呈波动上升态势。其中，绿色可持续发展指数的上升幅度为 75.99%，经济发展指数的上升幅度高达 187.05%，公共服务指数和环境保护指数的上升幅度分别为 44.05% 和34.07%，由此可见，各分维度指数的上升共同导致了绿色可持续发展指数的上升，而经济发展指数上升是最主要的原因。

第二，从绿色可持续发展指数及各分维度指数的空间演变特征来看，2001~2018 年，绿色可持续发展指数的核密度曲线整体向右移动，说明江西省绿色可持续发展指数的整体水平提高。经济发展指数的核密度曲线整体向右移动，波峰高度下降，右尾延长，说明江西省经济发展指数的整体水平提高，但其中一些县（市、区）经济发展指数提升较快，导致各县（市、区）经济发展指数差距变大，分散程度增加。公共服务指数的核密度曲线整体向右移动，波峰高度下降，右尾延长，说明江西省公共服务指数的整体水平提高，但其中一些县（市、区）公共服务指数提升较快，导致各县（市、区）公共服务指数差距变大，分散程度增加。环境保护指数的核密度曲线的波峰高度增加，左尾缩短，说明江西省环境保护指数较低的县（市、区）环境保护指数提升较快，使得各县（市、区）环境保护指数的集中程度增加。

第三，从绿色可持续发展指数及各分维度指数区域差异的长期演化趋势来看，绿色可持续发展指数及各维度指数区域差异的长期演化特征基本相似，呈以下特征：流动性相对较弱；水平类型的转移大多发生在相邻状态，而跨越式发展的概率很小，并且存在集聚现象；区域差异将会持续存在，短期内不会实现均衡发展。

第❺章

重点生态功能区转移支付对
绿色可持续发展指数的影响

重点生态功能区与经济欠发达地区重叠，实施绿色可持续发展是实现经济可持续发展、生态产品可持续供应的重要途径，而绿色可持续发展的有效实施离不开财政政策工具的使用。重点生态功能区转移支付作为目前我国规模最大的区域生态补偿政策，是加强我国生态文明建设的重要举措，旨在促进生态保护和改善民生，实现绿色可持续发展。第 3 章通过理论分析发现重点生态功能区转移支付能有效促进绿色可持续发展，本章以江西省为例，运用计量模型实证检验重点生态功能区转移支付对绿色可持续发展指数的影响效应。本章的结构安排如下：以江西省 80 个县（市、区）为例，以正式实施的重点生态功能区转移支付政策构造准自然实验，探究重点生态功能区转移支付政策对绿色可持续发展指数的影响。然后，以江西省享受重点生态功能区转移支付的 60 个县（市、区）为例，探究重点生态功能区转移规模对绿色可持续发展指数的影响。

5.1 重点生态功能区转移支付政策对绿色可持续发展指数的影响

5.1.1 多期双重差分模型的基本原理

5.1.1.1 模型介绍

双重差分模型（DID）是政策实施效果评估中常用的一种计量识别策略，被广泛用于近些年的经济学研究。由于政策实施情况对不同研究对象（实验组和对照组）的影响并非完全随机，运用普通的计量模型进行分析可能存在偏误。基于此，DID 模型利用其基础数据，根据模型构建的情况，有效控制政策实施的事前差异，将政策实施的真实效果有效剥离出来，从而得出更科学合理的结论。采用DID 模型时，面对的问题都是政策实施在同一时间点进行，如果遇到政策实施时间不一致的情况，一般采用多期双重差分法进行处理。

5.1.1.2 模型推导

DID 模型的核心在于构建估计量，对于政策实施前后的比较以及实验组和对照组的比较，基本公式如下：

$$d = \Delta Y_{treatment} - \Delta Y_{control} = (Y_{treatment,t_1} - Y_{treatment,t_0}) - (Y_{control,t_1} - Y_{control,t_0}) \qquad (5-1)$$

式中，d 表示估计量，Y 表示结果变量，treatment 表示实验组，control 表示对照组，t_0 表示政策实施前，t_1 表示政策实施后。在确定估计量之后，便可以利用参数检验方法构建模型。

多期 DID 模型由两期 DID 模型演变而来，其中，两期 DID 模型如下：

$$Y_{it} = a_0 + a_1 D_t + a_2 G_i + a_3 D_t \times G_i + \varepsilon_{it} \qquad (5-2)$$

式中，Y_{it} 是被解释变量，D_t 表示时间虚拟变量，取 1 表示政策之后，取 0

则表示政策之前；G_i 表示分组变量，取 1 表示实验组，取 0 则表示对照组；ε_{it} 为残差项。

多期 DID 模型如下：

$$Y_{it} = a_0 + a_1 TCZ_{it} + a_2 \lambda_t + a_3 \mu_i + \varepsilon_{it} \tag{5-3}$$

式中，TCZ_{it} 由 $D_t \times G_i$ 演变而来，表示当 $D_t = G_i = 1$ 时，取值为 1，其他情况取值为 0。时间效应 λ_t 由两期 DID 模型中的 D_t 演变而来，D_t 表示政策实施前后的虚拟变量，在两期 DID 模型中为时间虚拟变量，在多期 DID 模型中就转化为时间虚拟变量向量。个体效应 μ_i 由 G_i 演变而来，μ_i 包含了 G_i 的信息（G_i 是 μ_i 的子集）。

5.1.1.3 模型设定

由于江西省各县（市、区）开始享受重点生态功能区转移支付的年份不一致，故本书采用政策实施时间不一致的多期双重差分模型，探究重点生态功能区转移支付政策对绿色可持续发展指数的影响。

多期 DID 模型的关键在于构建合理的实验组和对照组。本书将研究样本中截至 2018 年仍未享受重点生态功能区转移支付的 20 个县（市、区）设置为对照组，将其余 60 个享受重点生态功能区转移支付的县（市、区）设置为实验组。同时，设置 treatment 和 post 两个哑变量，其中，变量 treatment 在实验组赋值为 1，在对照组赋值为 0；变量 post 在重点生态功能区转移支付政策实施之前赋值为 0，在实施之后赋值为 1。根据 treatment 和 post 两个哑变量的分组情况，可以形成四类组合，即政策实施前的实验组、政策实施后的实验组、政策实施前的对照组和政策实施后的对照组。综上，构建的多期 DID 模型如下：

$$Y_{it} = \beta_0 + \beta_1 treatmentpost_{it} + \beta_2 X_{it} + \mu_i + \lambda_t + \varepsilon_{it} \tag{5-4}$$

式中，Y_{it} 表示绿色可持续发展指数，下标 i 和 t 分别代表第 i 个县（市、区）和第 t 年份。$treatment_i$ 为分组虚拟变量，用来获取组别效应（实验组和对照组的固有差别）；$post_t$ 为时间虚拟变量，用来获取政策实施的时间效应，交互项 $treatmentpost_{it}$ 代表了政策实施的真正效应。β_j 为政策效应系数。X_{it} 是一系列控制变量，包括人口密度、人均一般预算内财政收入、城镇化率、第三产业增加值占比及投资率等。μ_i 为个体固定效应，λ_t 为时间固定效应，ε_{it} 为误差项。为了缓解异方差现象，提高方程的估计效果，本书将所有的控制变量进行对数处理。

5.1.2　变量说明与数据来源

5.1.2.1　变量说明

被解释变量：绿色可持续发展指数（Y）。本书采用第 4 章测算的 2001～2018 年江西省 80 个县（市、区）的绿色可持续发展指数来度量。绿色可持续发展指数值越大，说明区域绿色可持续发展水平越好。

核心解释变量：treatmentpost。当区域属于实验组，且享受重点生态功能区转移支付政策时，取值为 1，其余情况取值为 0。

控制变量：在借鉴朱燕和陈红华（2020）、田嘉莉和赵昭（2020）、刘炯（2015）、李国平等（2014）、廖小林和赵一心（2019）等学者研究的基础上，根据县级数据的可获取性，选取 5 个控制变量，具体如下：

（1）人口密度（PD）。人口密度是影响一个地区经济发展和生态环境的重要因素，人口密度越大，劳动力数量越多，生产力越强，经济发展水平越高，同时产生的污染物排放量越多，对生态环境的破坏力度越大。但人口密度越大，越能分担公共服务成本和环境保护成本，有效促进地方政府提供公共服务和保护环境。

（2）人均一般预算内财政收入（SGF）。一般预算内财政收入包括税收收入和非税收入，是地方政府用来提供公共服务和保护生态环境的自有财力。一般而言，人均一般预算内财政收入越高，地方政府提供公共服务和保护生态环境的财力保障越强，绿色可持续发展水平就越好。

（3）城镇化率（UR）。本书采用城镇人口数与总人口数的比重来表示城镇化率，城镇化率的提高能拉动经济增长，但城镇化进程加快意味着城市建设用地面积增加，林地、草地、耕地面积减少，同时污染物排放量增加，这些均会给环境带来负面影响，不利于生态系统的良性循环。

（4）第三产业增加值占比（PVTI）。本书采用第三产业增加值与GDP的比重来表示第三产业增加值占比。第三产值增加值占比是衡量一个地区产业结构是否合理的重要评断依据，第三产业增加值占比越高，产业结构越优化，经济发展的绿色化程度越高，对环境的破坏越小，越有利于绿色可持续发展。

（5）投资率（IR）。投资是拉动经济增长的三大因素之一，是经济增长的前提。政府增加固定资产投资，建造和购置更多固定资产，更新先进的技术装备，建立新兴部门，调整经济结构和生产力的地区分布，有利于提供更多的工作岗位，提高就业率，拉动经济增长，缩小居民收入差距。经济学理论（菲尔普斯）早已证实，存在一个"资本积累黄金律"，即过高和过低的投资率都会劣化资源配置，降低效率，投资并非越多越好。投资率通过提高经济发展水平，使地方政府的财政收入增加，从而促进经济发展、公共服务供给和环境保护。但投资也会挤压政府用于经济发展、公共服务供给和环境保护的财政支出，不利于绿色可持续发展。

5.1.2.2 数据来源

本节以重点生态功能区转移支付政策为外生冲击，构造准自然实验，并运用江西省80个县（市、区）2001~2018年的面板数据，构造多期DID模型，探究重点生态功能区转移支付政策对绿色可持续发展指数的影响。在各类指标数据中，重点生态功能区转移支付政策的相关数据通过江西省财政厅调研获得，其余指标数据来源于历年《中国县域统计年鉴》《江西统计年鉴》《南昌统计年鉴》《九江统计年鉴》《景德镇统计年鉴》《上饶统计年鉴》《鹰潭统计年鉴》《抚州统计年鉴》《吉安统计年鉴》《新余统计年鉴》和《宜春统计年鉴》。另外，为了消除通货膨胀的影响，各县（市、区）一般预算内财政收入根据2000年居民消费价格指数进行调整。

5.1.3　实证分析

5.1.3.1　重点生态功能区转移支付政策对绿色可持续发展的影响

本节运用多期 DID 模型探究重点生态功能区转移支付政策对绿色可持续发展指数的影响，模型估计结果如表 5-1 所示。在表 5-1 中，模型 1 是没有考虑控制变量的估计结果，政策效应的估计值为 0.0114，并在 1% 的水平上显著，说明在不考虑其他影响因素的情况下，重点生态功能区转移支付政策在 1% 的显著性水平上使绿色可持续发展指数增长了 1.14%。模型 2 是考虑了控制变量的估计结果，政策效应的估计值为 0.0119，并在 1% 的水平上显著，相较于模型 1 中的政策效应估计值略有增加，说明在综合考虑其他因素的情况下，重点生态功能区转移支付政策在 1% 的显著性水平上使绿色可持续发展指数增长了 1.19%，相较于不考虑其他影响因素的情况，其对绿色可持续发展指数的提升作用略有提高。控制变量中人均一般预算内财政收入和第三产业增加值占比的回归系数均为正数，且均通过了显著性检验，说明上述变量积极推动了这一政策效应，对绿色可持续发展指数的增长起到了明显的推动作用。人口密度的回归系数为负数，且在 1% 的水平上显著，说明人口密度对绿色可持续发展指数的增长具有反向阻碍作用，这可能是因为享受重点生态功能区转移支付的地区多为资源丰富但经济不发达的地区，产业基础薄弱，对劳动力的需求有限，人口越密集，失业率越高，从而导致经济发展水平下降，与发达地区的经济差距变大。这些地区应该鼓励年轻人外出务工，解决就业问题，提高收入水平。投资率的回归系数也为负数，且在 5% 的水平上显著，说明这些地区的经济发展过于依赖固定资产投入，不利于经济可持续发展。城镇化率的回归系数未通过显著性检验。

表5-1 重点生态功能区转移支付政策对绿色可持续发展指数影响的

估计结果：多期 DID 模型

变量	模型 1	模型 2
	Y	Y
treatmentpost	0.0114***	0.0119***
	(6.1800)	(6.7800)
lnPD	—	−0.0651***
		(−7.6800)
lnSGF	—	0.0194***
		(8.1300)
lnUR	—	0.0007
		(0.3500)
lnPVTI	—	0.0121***
		(4.4800)
lnIR	—	−0.0032**
		(−2.5100)
常数项	0.2274***	0.2574***
	(109.5600)	(27.3600)
个体效应	YES	YES
时间效应	YES	YES
N	1440	1440
R^2	0.9018	0.9132

注：***、**、*分别表示在1%、5%、10%的水平上显著，括号内为 T 统计值。

5.1.3.2 政策效应的动态持续性

上述实证分析结果表明，重点生态功能区转移支付政策对绿色可持续发展指数具有明显的促进作用，但是 post 变量在政策实施之后的赋值为 1，在政策实施之前的赋值为 0，故上述实证结果只能说明相对于重点生态功能区转移支付政策实施之前，该政策对县（市、区）绿色可持续发展指数的平均影响，并未揭露政策实施效果的动态持续性。基于此，本书进一步设置时间虚拟变量，研究重点生态功能区转移支付政策效应的动态持续性。

在公式（5-4）的基础上进行扩展，建立方程式（5-5），具体如下：

$$Y_{it} = \beta_0 + \sum_{j=0}^{9} \beta_j treatmentpost_{it}^j + \sum X_{it} + \mu_i + \lambda_t + \varepsilon_{it} \tag{5-5}$$

式中，$treatmentpost_{it}^j$ 表示年度哑变量，其赋值在第 j 年取 1，其他年份取 0。根据本书的研究需要，分别取 j=0，1，2，3，4，5，6，7，8，9，其中，当 j=0 时，$treatmentpost_{it}^j$ 表示实验组县（市、区）享受重点生态功能区转移支付政策当年的年度哑变量；当 j>0 时，$treatmentpost_{it}^j$ 表示实验组县（市、区）享受重点生态功能区转移支付政策后第 j 年的年度哑变量。β_j 表示政策实施当年或政策实施第 j 年后，重点生态功能区转移支付政策对绿色可持续发展指数的影响程度。

本书运用双向固定效应模型对方程（5-5）进行回归分析，估计结果如表5-2所示。其中，模型1为未纳入控制变量的估计结果，模型2为纳入所有控制变量的估计结果，两个模型中 $treatmentpost^0$、$treatmentpost^1$、$treatmentpost^2$、$treatmentpost^3$、$treatmentpost^4$、$treatmentpost^5$、$treatmentpost^6$、$treatmentpost^7$、$treatmentpost^8$ 和 $treatmentpost^9$ 的回归系数均显著为正，且均呈波动上升态势，说明无论是否考虑其他影响因素，重点生态功能区转移支付政策对绿色可持续发展指数均具有显著的促进作用，且促进作用逐渐增加。从上述分析结果可以看出，重点生态功能区转移支付政策对绿色可持续发展指数的影响存在持续性，并且随着政策的实施，政策效应逐渐增强，这可能与转移支付规模逐渐扩大有关。因此，为了有效提高绿色可持续发展水平，实现保护环境和经济发展的双重目标，国家应该继续实施重点生态功能区转移支付政策。

表5-2 重点生态功能区转移支付政策对绿色可持续发展指数的影响：动态性检验

变量	模型1			模型2		
	回归系数	T 值	P 值	回归系数	T 值	P 值
$treatmentpost^0$	0.0087	3.0800	0.0020	0.0093	3.4700	0.0010

变量	模型1			模型2		
	回归系数	T值	P值	回归系数	T值	P值
treatmentpost[1]	0.0079	2.7000	0.0070	0.0094	3.4100	0.0010
treatmentpost[2]	0.0146	4.8000	0.0000	0.0159	5.5400	0.0000
treatmentpost[3]	0.0109	3.3000	0.0010	0.0119	3.7900	0.0000
treatmentpost[4]	0.0116	3.4100	0.0010	0.0115	3.5700	0.0000
treatmentpost[5]	0.0181	5.2000	0.0000	0.0159	4.8200	0.0000
treatmentpost[6]	0.0152	4.2100	0.0000	0.0145	4.2500	0.0000
treatmentpost[7]	0.0145	3.8600	0.0000	0.0138	3.8800	0.0000
treatmentpost[8]	0.0189	3.8800	0.0000	0.0183	3.9600	0.0000
treatmentpost[9]	0.0185	2.6600	0.0080	0.0206	3.1400	0.0020
常数项	0.2274	109.6900	0.0000	0.2561	27.1500	0.0000
控制变量		NO			YES	
县（市、区）固定效应		YES			YES	
年份固定效应		YES			YES	
N		1440			1440	
R^2		0.9027			0.9138	

5.1.4　稳健性检验

本书通过构建 DID 模型，探究了重点生态功能区转移支付政策对绿色可持续发展指数的影响，但使用 DID 模型需要满足一定的前提条件才能确保研究结果的准确性。基于此，本节将对 DID 模型的前提条件进行逐一检验。

5.1.4.1　平行趋势检验

双重差分模型最重要的一个假设条件是满足平行趋势假定，即在政策实施之前，享受重点生态功能区转移支付的县（市、区）与未享受重点生态功能区转移支付的县（市、区）的绿色可持续发展指数有共同的变化趋势。本书参考赵蔡晶和吴柏均（2020）对平行趋势假定的检验方法，设定以下回归方程对重点生态功能区转移支付政策实施前的年份效应进行检验。具体公式如下：

$$Y_{it} = \beta_0 + \sum_{j=-7}^{-1} \beta_j treatmentpost_{it}^j + \sum X_{it} + \mu_i + \lambda_t + \varepsilon_{it} \qquad (5\text{-}6)$$

式中，$treatmentpost_{it}^j$ 为年度哑变量（$j = -1$，-2，-3，-4，-5，-6，-7），表示实验组县（市、区）在享受重点生态功能区转移支付政策前第 j 年的年度哑变量。β_j 表示在政策实施前第 j 年，重点生态功能区转移支付政策对绿色可持续发展指数的影响程度。

本书运用双向固定效应模型对公式（5-6）进行回归分析，回归结果见表5-3。其中，模型 1 为未纳入控制变量的估计结果，模型 2 为纳入所有控制变量的估计结果，模型 1 和模型 2 中的年度哑变量的回归系数均未通过显著性检验，说明实验组与对照组之间满足平行趋势假定。

表 5-3　平行趋势检验

变量	模型 1			模型 2		
	回归系数	T 值	P 值	回归系数	T 值	P 值
$treatmentpost^{-7}$	−0.0037	−1.3400	0.1800	−0.0031	−1.1400	0.2540
$treatmentpost^{-6}$	−0.0042	−1.4900	0.1360	−0.0041	−1.5300	0.1250
$treatmentpost^{-5}$	−0.0038	−1.3700	0.1720	−0.0039	−1.4600	0.1450
$treatmentpost^{-4}$	−0.0047	−1.6300	0.1040	−0.0041	−1.5400	0.1240
$treatmentpost^{-3}$	−0.0046	−1.6400	0.1010	−0.0046	−1.4400	0.1510
$treatmentpost^{-2}$	−0.0028	−1.0000	0.3190	−0.0014	−0.5400	0.5920
$treatmentpost^{-1}$	−0.0022	−0.8100	0.4160	−0.0017	−0.6600	0.5110
常数项	0.2274	108.0900	0.0000	0.2572	26.8100	0.0000
控制变量		NO			YES	
县（市、区）固定效应		YES			YES	
年份固定效应		YES			YES	
N		1440			1440	
R^2		0.8996			0.9107	

5.1.4.2　PSM-DID 模型

PSM（倾向得分匹配法）可以消除样本选择上的偏差，减少非实验因素的影响，但不能解决内生性的问题；双重差分法可以解决内生性问题，但不能解决样本选择方面的偏差，所以本文选用 PSM-DID 模型进行稳健性检验。分别运用半径匹配、核匹配和近邻匹配三种匹配方法将实验组和对照组进行匹配（匹配指标为上述回归分析中的控制变量），剔除所有未能达到匹配要求的县（市、区），再运用 DID 模型对新的样本分别进行回归分析，结果如表 5-4 所示。从表 5-4 可以看出，交互项的系数基本一致，且均通过显著性检验，说明重点生态功能区转移支付政策对绿色可持续发展指数具有显著的正向促进作用，且结果稳健。

表 5-4   PSM-DID 模型的回归结果

变量	近邻匹配回归系数	核匹配回归系数	半径匹配回归系数
treatmentpost	0.0124***	0.0119***	0.0163***
	(5.2900)	(6.5400)	(5.6100)
常数项	0.2500***	0.2434***	0.2479***
	(18.2700)	(23.1600)	(15.1300)
控制变量	YES	YES	YES
个体效应	YES	YES	YES
时间效应	YES	YES	YES
N	733	1262	512
R^2	0.9088	0.9133	0.9152

注：半径匹配的匹配半径为 0.05。***、**、*分别表示在 1%、5%、10%的水平上显著，括号内为 T 统计值。

5.1.4.3   控制变量滞后一期

为了降低潜在的内生性问题，本书将所有的控制变量滞后一期，对回归结果再一次进行稳健性检验（见表 5-5）。回归结果表明，将所有的控制变量滞后一期，交互项的系数依然显著为正，且与表 5-1 中交互项的系数基本一致，这再次说明多期 DID 模型的回归结果是稳健的。

表 5-5　稳健性检验结果

变量	回归系数	T 值	P 值
treatmentpost	0.0133	7.3100	0.0000
lnPD	-0.0093	-1.0700	0.2860
lnSGF	0.0186	7.3100	0.0000
lnUR	-0.0006	-0.2500	0.8020
lnPVTI	0.0079	2.7100	0.0070
lnIR	-0.0030	-2.3300	0.0200
常数项	0.2292	22.9900	0.0000
个体效应		YES	
时间效应		YES	
N		1440	
R^2		0.9103	

5.1.4.4　安慰剂检验

双重差分模型识别可能存在不可观测变量对估计结果的干扰问题。尽管在基准回归中已经加入了控制变量，并且固定了时间效应和个体效应，但仍可能存在一些不可观察变量对本书的估计结果产生影响。本书通过随机生成实验组来进行间接安慰剂检验，以表 5-1 中的回归结果为基准结果，由公式（5-4）可得交互项的系数估计值 $\hat{\beta}_1$ 的表达式如下：

$$\hat{\beta}_1 = \beta_1 + \lambda \frac{\mathrm{cov}\ (\mathrm{treatmentpost}_{it},\ \varepsilon_{it}\ |\ M_{it})}{\mathrm{var}\ (\mathrm{treatmentpost}_{it}\ |\ M_{it})} \tag{5-7}$$

式中，M 表示其他所有控制变量和固定效应，λ 为所有不可观测变量对被解释变量的影响，故只有 $\lambda = 0$，不可观测因素才不会影响估计结果，即 β_1 估计无偏。由于无法直接验证 λ 是否为 0，因此，本书采用间接安慰剂检验的方法，通过计算模拟找到理论上不会对被解释变量产生影响的错误 $\mathrm{treatmentpost}_{it}$ 变量代替真实的 $\mathrm{treatmentpost}_{it}$ 变量。在此前提下，如果 $\hat{\beta}_1 = 0$，可以反推出 $\lambda = 0$（Liu & Lu，2015），如果 $\hat{\beta}_1 \neq 0$，则说明错误的变量对实际结果产生了影响，上述多期

DID 模型的估计结果不合理。为了提高安慰剂检验的可识别性，本书把上述的随机过程重复 500 次，相应地产生 500 个 $\hat{\beta}_1$ 的估计值，如图 5-1 所示，呈现了估计系数的概率密度分布图。从图 5-1 可以看出，随机分配的估计值集中分布在零附近，并且服从正态分布，p 值也集中分布在零附近，说明随机过程产生的 $\hat{\beta}_1$ 的估计值显著性较好。基于上述结论，可以反推出 λ 为 0，表明随机设立的实验组几乎不会对结果产生影响，之前 DID 模型的估计结果是稳健的。

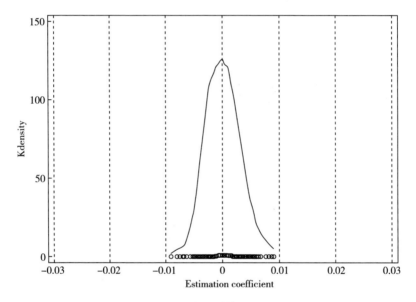

图 5-1　安慰剂检验结果

5.2　重点生态功能区转移支付规模对绿色可持续发展指数的影响

　　本章节运用多期 DID 模型探究重点生态功能区转移支付政策对绿色可持续发展指数的影响，是基于虚拟变量的政策评估，未能反映重点生态功能区转移支付规模变化带来的影响差异。同时，由于重点生态功能区转移支付政策在 2008 年提出，于 2009 年正式实施。基于此，本节以 2009~2018 年 60 个享受重点生态功能区转移支付的县（市、区）（即 5.1 节中的实验组）为例，探究重点生态功能区转移支付规模对绿色可持续发展指数的影响。

5.2.1 模型设定、变量说明与数据来源

5.2.1.1 模型设定

根据在江西省财政厅的调研可知，江西省享受重点生态功能区转移支付的县（市、区）数量是逐渐增加的，在本书研究的 80 个县（市、区）中于政策实施当年（2009 年）享受重点生态功能区转移支付的县（市、区）数量为 10 个。2009~2018 年，每年新增享受重点生态功能区转移支付的县（市、区）数量情况具体如下：2010 年 13 个、2011 年 23 个、2012 年 1 个、2013 年 1 个、2014 年 0 个、2015 年 1 个、2016 年 9 个、2017 年 2 个、2018 年 0 个。因此，为真实地反映重点生态功能区转移支付规模等因素对绿色可持续发展指数的影响，本节拟采用非平衡面板数据设定如下计量模型：

$$Y_{it} = \beta_0 + \beta_1 TRAN_{it} + \beta_2 X_{it} + \varepsilon_{it} \tag{5-8}$$

$$Y_{it} = \beta_0 + \beta_1 TRAN_{it} + \beta_2 TRAN_{it}^2 + \beta_3 X_{it} + \varepsilon_{it} \tag{5-9}$$

式中，i 表示县（市、区），t 表示年份。Y_{it} 为被解释变量，即绿色可持续发展指数。$TRAN_{it}$ 为解释变量，即转移支付规模。X_{it} 为控制变量，包括人口密度、人均一般预算内财政收入、城镇化率、第三产业增加值占比及投资率。ε_{it} 是残差估计值。公式（5-9）在公式（5-8）的基础上进一步添加了转移支付规模的二次项。为了缓解异方差现象，提高方程的估计效果，本书将所有控制变量进行对数处理。

5.2.1.2 变量说明

被解释变量：绿色可持续发展指数（Y）。本书采用第 4 章测算的 2009~2018 年江西省 60 个县（市、区）的绿色可持续发展指数来度量。绿色可持续发

重点生态功能区转移支付对绿色可持续发展的影响研究

展指数值越大,说明区域绿色可持续发展水平越好。

核心解释变量:转移支付规模(TRAN)、转移支付规模的二次方(TRAN^2)。其中,令转移支付规模的二次方作为本节的核心解释变量,目的是探究转移支付规模对绿色可持续发展指数的影响是否是线性的。

控制变量:为了增强研究结果的连贯性和可对比性,本书选取跟5.1节相同的控制变量,即人口密度、人均一般预算内财政收入、城镇化率、第三产业增加值占比及投资率。

5.2.1.3 数据来源

本节运用江西省享受重点生态功能区转移支付的60个县(市、区)2009~2018年的非平衡面板数据构造回归模型,探究重点生态功能区转移支付规模对绿色可持续发展指数的影响。在各类指标数据中,重点生态功能区转移支付规模的数据通过江西省财政厅调研获得,其余指标数据的来源在本章5.1节中介绍过,此处略。

5.2.2 实证分析

5.2.2.1 变量的相关性检验

为了避免回归模型中解释变量与控制变量之间存在高度相关性导致模型估计失真或估计不准确的问题,对各县(市、区)的重点生态功能区转移支付规模、人口密度、人均一般预算内财政收入、城镇化率、第三产业增加值占比及投资率等变量进行相关性检验,其中,重点生态功能区转移支付规模为解释变量,其余为控制变量,结果如表5-6所示。从表5-6可知,解释变量与各控制变量的相关系数均较小,不存在多重共线性问题。

表 5-6　变量间相关系数矩阵

变量	TRAN	lnPD	lnSGF	lnUR	lnPVTI	lnIR
TRAN	1.0000					
lnPD	0.0540	1.0000				
lnSGF	0.2330	0.2320	1.0000			
lnUR	0.3290	−0.0500	0.3610	1.0000		
lnPVTI	0.0100	−0.0610	−0.1640	−0.1490	1.0000	
lnIR	0.5450	0.0960	0.7260	0.3240	−0.1140	1.0000

5.2.2.2　变量的平稳性检验

面板数据由时间序列数据和横截面数据混合而成，可能存在非平稳性，而非平稳变量间可能出现虚假回归，所以在回归之前，需要采用面板单位根检验方法对解释变量和控制变量的平稳性进行检验。面板数据的单位根检验主要包括 ADF-Fisher 检验、PP-Fisher 检验、IPS 检验、Breitung 检验和 LLC 检验五种面板单位根检验方法。考虑到以上各种检验方法本身的局限性，为了保证平稳性检验的可靠性，本书同时采用这五种方法进行检验，用 Stata 15.0 软件进行运算，输出的检验结果如表 5-7 所示。

表 5-7　各变量的平稳性检验

变量	ADF-Fisher 检验	PP-Fisher 检验	IPS 检验	Breitung 检验	LLC 检验	是否平稳
TRAN	−9.6064***	−10.9973***	−8.8407***	−10.6450***	−4.9101***	是
$TRAN^2$	−9.4992***	−10.6372***	−6.0651***	−11.4067***	−4.7902***	是
lnPD	−10.1746***	−32.2975***	−36.0715***	−10.1861***	−13.0497***	是
lnSGF	−6.3915***	−17.0113***	−3.8442***	−4.7828***	−15.0542***	是
lnUR	−6.8596***	−10.7261***	−3.0810***	−5.8707***	−13.3451***	是
lnPVTI	−22.7420***	−30.3446***	−31.4546***	−12.5123***	−16.5013***	是
lnIR	−8.4561***	−2.8187***	−6.7818***	−4.1909***	−17.9979***	是

注：***、**、*分别表示在1%、5%、10%的水平上显著。

由表 5-7 可知，所有变量的一阶差分均在 1% 的显著性水平上通过五种面板单位根检验。因此，核心解释变量和各控制变量均为一阶单整序列，可以对各面板数据序列进行回归分析。

5.2.2.3　面板模型检验和模型选择

本书采用 60 个样本县（市、区）2009～2018 年的面板数据分析重点生态功能区转移支付规模对绿色可持续发展指数的影响，面板数据估计模型主要有混合回归模型、固定效应模型和随机效应模型三种，不同效应模型的回归估计结果存在很大的差异，因此，在进行面板回归分析之前，需要确定面板回归模型采用的具体效应。

如表 5-8 所示，本书首先利用 F 检验分别判断公式（5-8）和公式（5-9）是否存在个体固定效应，在固定效应模型和混合效应模型间进行选择，结果发现公式（5-8）和公式（5-9）的 F 检验结果均在 1% 的水平上拒绝原假设，故选择固定效应模型。然后，利用 Hausman 检验在固定效应模型和随机效应模型间进行选择，结果显示公式（5-8）的 Hausman 检验统计值为 367.3100，且在 1% 的水平上通过显著性检验，公式（5-9）的 Hausman 检验统计值为 127.9200，且在 1% 的水平上通过显著性检验，故公式（5-8）和公式（5-9）均选择固定效应模型。

表 5-8　面板回归模型固定效应和随机效应的检验

	F 检验		Hausman 检验	
	统计值	P 值	统计值	P 值
公式（5-8）	15.5600	0.000	367.3100	0.0000
公式（5-9）	15.9000	0.000	127.9200	0.0000

5.2.2.4　回归结果分析

对于公式（5-8），在选择固定效应模型的基础上，采用 Stata 15.0 软件对样本面板数据进行回归估计，结果如表 5-9 所示。表 5-9 中的模型 1、模型 3、模型 5 为公式（5-8）的估计结果，分别为基于面板的个体固定效应、时间固定效应、双向固定效应。模型 1（个体固定效应模型）考虑了绿色可持续发展指数的地区差异，但没有考虑时间的影响。模型 3（时间固定效应模型）考虑了时间的影响，但忽略了绿色可持续发展指数的地区差异。模型 5（个体时间双向固定效应模型）同时考虑了绿色可持续发展指数的地区差异及时间因素的影响，避免了因时间和地区差异而产生的估计结果偏差，从理论上看，模型 5 最优。由表 5-9 可知，模型 1 中有 1 个解释变量和 4 个控制变量的回归系数通过显著性检验，模型 3 中仅 3 个控制变量的回归系数通过显著性检验，模型 5 中仅 3 个控制变量的回归系数通过显著性检验，而且模型 1 的 R^2 高于模型 3，因此模型 1 最优。导致理论上和实际中最优模型不一致的原因可能是解释变量（重点生态功能区转移支付规模）不但在当期对绿色可持续发展指数有影响，而且对未来若干期仍然具有辐射作用（潘丹，2012），同时在地区差异的背景下，双向固定效应模型的估计结果并不优于个体固定效应模型。综上，本书选择个体固定效应模型（即模型 1）的结果作为公式（5-8）的回归估计结果进行分析。

对于公式（5-9），在选择固定效应模型的基础上，采用 Stata 15.0 软件对样本面板数据进行回归估计，结果如表 5-9 所示。表 5-9 中的模型 2、模型 4 和模型 6 为公式（5-9）的估计结果，分别为基于面板的个体固定效应、时间固定效应和双向固定效应。由表 5-9 可知，模型 2 中有 1 个解释变量和 4 个控制变量的回归系数通过显著性检验；模型 4 中解释变量均未通过显著性检验，仅 3 个控制变量的回归系数通过显著性检验；模型 6 中解释变量均未通过显著性检验，仅 3 个控制变量的回归系数通过显著性检验，因此，模型 2 最优。综上，本书选择个体固定效应模型（即模型 2）的结果作为公式（5-9）的回归估计结果进行分析。

表 5-9　重点生态功能区转移支付规模对绿色可持续发展指数影响的估计结果

变量	个体固定效应		时间固定效应		双向固定效应	
	模型 1	模型 2	模型 3	模型 4	模型 5	模型 6
TRAN	0.1003***	0.1535***	−0.0549	−0.0088	−0.0440	−0.0090
	(7.0900)	(6.5100)	(−0.63)	(−0.5700)	(−0.4800)	(−0.5900)

变量	个体固定效应		时间固定效应		双向固定效应	
	模型 1	模型 2	模型 3	模型 4	模型 5	模型 6
$TRAN^2$		−0.0778		0.0044		0.0062
		(−0.8100)		(0.2600)		(0.3700)
lnPD	−0.0164	−0.0170	−0.0612***	−0.0614***	−0.0518***	−0.0518***
	(−0.9200)	(−0.9600)	(−9.0400)	(−9.1500)	(−5.0100)	(−5.0100)
lnSGF	0.0494***	0.0479***	0.0112***	0.0113***	0.0089**	0.0089**
	(15.6700)	(15.0800)	(2.8600)	(2.8900)	(2.1500)	(2.1500)
lnUR	0.0109**	0.0109**	0.0026	0.0028	−0.0036	−0.0038
	(2.3000)	(2.3100)	(0.6800)	(0.7400)	(−0.9500)	(−0.9700)
lnPVTI	0.0388***	0.0363***	−0.0174***	−0.0173***	−0.0187***	−0.0186***
	(4.5000)	(4.2100)	(−3.3000)	(−3.2700)	(−3.5200)	(−3.5000)
lnIR	0.0355***	0.0367***	−0.0016	−0.0017	−0.0029	−0.0030
	(4.8900)	(5.0700)	(−0.3900)	(−0.4000)	(−0.6600)	(−0.6800)
常数项	0.1991***	0.1972***	0.2546***	0.2542***	0.3243***	0.3249***
	(5.3400)	(5.3200)	(18.1500)	(18.0700)	(13.3100)	(13.2900)
R^2	0.9050	0.9093	0.7042	0.7042	0.9049	0.9049

注：***、**、*分别表示在1%、5%、10%的水平上显著，括号内为 T 统计值。

　　根据表 5-9 中模型 1 和模型 2 的回归结果可知，重点生态功能区转移支付规模对绿色可持续发展指数影响的回归系数显著为正，而重点生态功能区转移支付规模二次项的系数没有通过显著性检验，说明重点生态功能区转移支付规模对绿色可持续发展指数有显著的正向线性作用，转移支付规模越大，绿色可持续发展指数越高。2009~2018 年江西省享受重点生态功能区转移支付的 60 个县（市、区）实际享受到的转移支付总额呈稳步上升态势，2009 年仅为 2.02 亿元，之后逐年增加，2018 年达到 18.11 亿元，增长率高达 796.53%，年均增长率为27.60%。同时，江西省享受重点生态功能区转移支付的 60 个县（市、区）绿色可持续发展指数在 2009 年和 2010 年变化幅度较小，于 2011 年开始快速上升。这进一步说明重点生态功能区转移支付规模越大，绿色可持续发展指数越高。国家应该进一步扩大重点生态功能区转移支付规模，促进生态资源丰富的经济欠发达地区保护生态，协调发展。

对于控制变量来说，人均一般预算内财政收入对绿色可持续发展指数的影响在 1% 的水平上显著为正，说明人均一般预算内财政收入对绿色可持续发展指数具有正向影响。这是因为随着地方政府财政收入水平的增加，地方政府作为理性经济主体必然会增加对自身环境质量的重视（徐鸿翔和张文彬，2017），减少高污染、高能耗企业，积极发展生态产业，同时加大用于环境保护和公共服务的财政支出，达到环境保护和经济发展的效果。城镇化率对绿色可持续发展指数的影响在 1% 的水平上显著为正，城镇化水平提高产生的集聚效应有利于县（市、区）经济的绿色增长。第三产业增加值占比的回归系数显著为正，表明发展第三产业有利于推动区域经济绿色可持续发展。投资率对绿色可持续发展指数的影响在 1% 的水平上显著为正，说明投资率越高，绿色可持续发展水平越好。这主要是因为投资、消费和出口是拉动我国经济增长的"三驾马车"，投资作为经济增长的主要因素之一，投资率增长可以增加就业，提高收入水平。人口密度的回归系数未通过显著性检验。

5.2.3　稳健性检验

为了进一步探究上述回归结果是否稳健，本书继续通过时段处理、样本数据处理、变量替换及控制变量滞后一期四种方法对公式（5-8）的回归结果进行稳健性检验，其检验结果如表 5-9 所示。

（1）时段处理。本书借鉴曹志文（2019）的处理方法，选择去除首年（2009 年）时间段样本和末年（2018 年）时间段样本两种处理方式，形成 2010~2018 年和 2009~2017 年两个样本数据，并对其进行个体固定效应模型回归分析，回归估计结果见表 5-9 中的模型 1 和模型 2。将表 5-9 中模型 1 和模型 2 的回归结果与表 5-8 中模型 1 的回归结果进行对比分析，发现重点生态功能区转移支付规模的回归系数依然显著为正，回归系数变化较小，但变量的相关关系并未发生改变，说明回归结果是稳健的。

（2）样本数据处理。本书借鉴曹志文（2019）的处理方法，将60个样本区域按被解释变量绿色可持续发展指数的年度平均值进行排序，分别删除绿色可持续发展指数排名靠前20%和靠后20%的样本，组成两个新的样本，分别进行个体固定效应模型回归分析，回归估计结果见表5-10中的模型3和模型4。结果表明，重点生态功能区转移支付规模的系数依然显著为正，回归系数变化较小，控制变量的回归系数符号均未发生改变，这再次说明回归结果是稳健的。

（3）变量替换。产业结构还可以用第二产业增加值占比来表示，本书利用第二产业增加值占比（PTIA）来替代第三产业增加值占比（PVTI）进行回归模型稳健性检验。替换指标后的回归结果如表5-10中的模型5所示。结果表明，重点生态功能区转移支付规模对绿色可持续发展指数的影响仍然在1%的水平上显著为正，这再次说明回归结果是稳健的。

（4）控制变量滞后一期。为了降低潜在的内生性问题，本书将所有控制变量滞后一期，对回归结果再一次进行稳健性检验，结果如表5-10中的模型6所示。结果表明，将所有控制变量滞后一期，重点生态功能区转移支付规模的系数依然显著为正，变量的相关关系未发生改变，回归系数变化较小，进一步说明回归结果是稳健的。

表5-10　重点生态功能区转移支付规模对绿色可持续发展指数影响的

回归结果的稳健性检验

变量	模型1	模型2	模型3	模型4	模型5	模型6
	2010~2018年	2009~2017年	2009~2018年	2009~2018年	2009~2018年	2009~2018年
TRAN	0.1139**	0.0836***	0.1068***	0.0671***	0.0796***	0.0942***
	(7.4000)	(6.1200)	(6.3700)	(4.1600)	(6.2400)	(7.0400)
lnPD	-0.0162	-0.0312**	-0.0168	-0.0230	-0.0475***	0.0371**
	(-0.9100)	(-2.0500)	(-0.7700)	(-1.2700)	(-2.9200)	(2.4200)

续表

变量	模型 1	模型 2	模型 3	模型 4	模型 5	模型 6
	2010~2018 年	2009~2017 年	2009~2018 年	2009~2018 年	2009~2018 年	2009~2018 年
lnSGF	0.0556 ***	0.0493 ***	0.0527 ***	0.0479 ***	0.0546 ***	0.0564 ***
	(14.3500)	(17.8000)	(14.6300)	(13.3400)	(19.0400)	(20.6900)
lnUR	0.0168 ***	0.0013	0.0101 *	0.0163 ***	0.0127 ***	0.0046
	(3.4900)	(0.3200)	(1.8000)	(3.1300)	(2.9600)	(1.0700)
lnPVTI	0.0415 ***	0.0223 ***	0.0347 ***	0.0327 ***	—	0.0285 ***
	(4.4700)	(2.7600)	(3.6300)	(3.6200)		(3.4300)
lnIR	0.0397 ***	0.0256 ***	0.0337 ***	0.0567 ***	0.0315 ***	0.0237 ***
	(4.6900)	(3.9800)	(4.1900)	(5.7700)	(4.8000)	(3.6600)
lnPTIA①	—	—	—	—	−0.2031 ***	—
					(−12.1700)	
常数项	0.1603 ***	0.2170 ***	0.1823 ***	0.1928 ***	0.0886 ***	0.0986 ***
	(4.0700)	(6.6500)	(4.1800)	(5.0500)	(2.8500)	(2.9900)
R^2	0.8989	0.8251	0.8019	0.9027	0.8604	0.9315

注：＊＊＊、＊＊、＊分别表示在 1%、5%、10%的水平上显著，括号内为 T 统计值。

5.3 本章小结

本章以江西省 80 个县（市、区）为例，以正式实施的重点生态功能区转移支付政策构造准自然实验，运用多期双重差分模型实证分析了重点生态功能区转移支付政策对绿色可持续发展指数的影响，以及政策效应的持续性，并进行了稳健性检验。然后，进一步以享受过重点生态功能区转移支付的 60 个县（市、区）为例，运用这 60 个样本地区 2009~2018 年的非平衡面板数据构建回归模型，分

---

① PTIA 表示第二产业增加值占比，通过第二产业增加值/GDP 计算得出。

析重点生态功能区转移支付规模对绿色可持续发展指数的影响，并对回归结果进行稳健性检验，主要结论如下：

第一，重点生态功能区转移支付政策在1%的显著性水平上使绿色可持续发展指数增长了1.19%，说明重点生态功能区转移支付政策能显著促进绿色可持续发展。从动态影响效应来看，该效应存在持续性，政策实施时间越长，政策效应越明显。

第二，为了检验政策效应评估结果是否稳健，本书对多期DID模型的估计结果进行了平行趋势检验、控制变量滞后一期检验、PSM-DID模型检验及安慰剂检验，结果均显示多期DID模型估计结果是稳健的，即重点生态功能区转移支付政策能显著促进绿色可持续发展。

第三，重点生态功能区转移支付规模对绿色可持续发展指数影响的回归系数显著为正，而重点生态功能区转移支付规模二次项的系数没有通过显著性检验，说明重点生态功能区转移支付规模对绿色可持续发展指数有显著的正向线性作用，转移支付规模越大，绿色可持续发展水平越高。

第四，本书进一步采用时段处理、样本数据处理、变量替换、控制变量滞后一期四种方法对个体固定效应模型的回归估计结果进行稳健性检验。结果均显示个体固定效应模型的回归估计结果是稳健的，即重点生态功能区转移支付规模对绿色可持续发展指数具有显著的正向线性作用。

基于上述结论，研究假说1得到了验证。

第**6**章

重点生态功能区转移支付对
绿色可持续发展分维度指数的影响

经济发展、公共服务和环境保护是衡量绿色可持续发展的关键维度，重点生态功能区转移支付对绿色可持续发展的影响直接体现在这三个方面，因此，研究重点生态功能区转移支付对经济发展指数、公共服务指数和环境保护指数的影响，对于全面了解重点生态功能区转移支付对绿色可持续发展的影响，促进欠发达地区实施绿色可持续发展意义重大。基于此，本章在第 3 章理论分析的基础上，借鉴 Tanaka（2015）、刘瑞明和赵仁杰（2015）的实证分析思路，分别运用江西省 80 个县（市、区）2001~2018 年的面板数据和江西省 60 个享受重点生态功能区转移支付的县（市、区）2009~2018 年的面板数据，实证分析重点生态功能区转移支付政策和规模对经济发展指数、公共服务指数和环境保护指数的影响。然后构建联立方程模型，探究经济发展、公共服务供给和环境保护之间的交互影响效应，以及在整体系统中重点生态功能区转移支付对三个维度产生的影响效应。

6.1 重点生态功能区转移支付对经济发展指数的影响

改革开放以来，我国以政府为主导、大规模财政投入为支撑的减贫方式取得了世界瞩目的巨大成效，农村贫困人口大幅减少，贫困发生率显著下降（汪三贵，2018）。大量学者对财政转移支付的经济发展效应进行了研究，尤其是针对经济贫困展开了研究，但目前尚未取得一致结论。一些学者认为，财政转移支付有利于减缓贫困，特别是针对贫困人口的现金补助类支出，可以有效缓解贫困程度，并缓解收入不平等问题（Gertler et al.，2012；Sen，1976）。Imai（2011）通过对印度食品补贴和工作补贴的研究发现，此类补贴可以有效降低贫困的脆弱性，从而减少贫困。钟春平等（2013）对农业补贴的研究发现，公共转移支付的减贫效应较为明显。汪昊和娄峰（2017）认为，公共转移支付的财政再分配效应明显优于社会保障费以及个人所得税。另一些学者则认为，财政转移支付不利于减贫，并可能加剧收入不平等，甚至会破坏经济增长，使贫困人口深陷"贫困陷阱"（Darity & Myers，1987；解垩，2017）。Rawlings（2005）认为，转移支付并没有形成有效激励，也没有完全惠及贫困人口，减贫效果较弱。卢盛峰和卢洪友（2013）认为，公共转移支付对私人转移支付存在"挤出效应"，不利于缓解贫困。卢现祥和徐俊武（2009）认为，现行的财政转移支付政策不利于不富裕的人，对经济不富裕的家庭也没形成有效激励。综合上述研究可知，目前已有大量学者对财政转移支付的经济发展效应进行了研究，尤其是针对经济发展差距展开了研究，但目前尚未取得一致结论。重点生态功能区转移支付是国家为维护生态安全，推动地方政府加强生态环境保护和改善民生，在均衡性转移支付项下设立的一项财政转移支付制度，中央政府不规定资金的特定用途，地方政府在使用上有较大的自主性。在重点生态功能区转移支付与经济欠发达地区重叠的背景下，地方政府也会将部分转移支付资金用于发展经济，增加低收入居民的经济收入。基于此，本节利用江西省县域数据，实证分析重点生态功能区转移支付政策和规模对经济发展指数的影响。

6.1.1　重点生态功能区转移支付政策对经济发展指数的影响

6.1.1.1　模型设定、变量选择与数据来源

（1）模型设定。基于上述分析，本部分借鉴张鹏和徐志刚（2020）、肖建华和李雅丽（2021）等的实证分析思路，运用 2001～2018 年江西省 80 个县（市、区）的面板数据构建计量模型，实证分析重点生态功能区转移支付政策对经济发展指数的影响。计量模型如下：

$$E_{it} = \beta_0 + \beta_1 \text{treatmentpost}_{it} + \beta_2 X_{it} + \mu_i + \lambda_t + \varepsilon_{it} \tag{6-1}$$

式中，E_{it} 为被解释变量，指经济发展指数，下标 i 和 t 分别代表第 i 个县（市、区）和第 t 年份。treatment_i 为分组虚拟变量，用来获取组别效应（实验组和对照组的固有差别）；post_t 为时间虚拟变量，用来获取政策实施的时间效应；交互项 $\text{treatmentpost}_{it}$ 代表了政策实施的真正效应。β_j 为政策效应系数。X_{it} 为一系列控制变量，包括人口密度、人均一般预算内财政收入、城镇化率、第三产业增加值占比、投资率。μ_i 为个体固定效应，λ_t 为时间固定效应，ε_{it} 表示误差项。为了缓解异方差现象，提高方程的估计效果，本书将所有控制变量进行对数处理。

（2）变量选择。被解释变量：经济发展指数（E）。本书采用第 4 章测算的 2001～2018 年江西省 80 个县（市、区）的经济发展指数来度量。经济发展指数值越大，说明居民的家庭经济条件改善情况越好。

核心解释变量：treatmentpost。当区域属于实验组，且享受重点生态功能区转移支付政策时，取值为 1，其余情况取值为 0。

控制变量：与第 5 章保持一致，本章同样选用人口密度、人均一般预算内财政收入、城镇化率、第三产业增加值占比及投资率作为控制变量，含义和计算方法同第 5 章，此处略。

（3）数据来源。本节以重点生态功能区转移支付政策为外生冲击，并构造准自然实验，运用江西省 80 个县（市、区）2001～2018 年的面板数据，分析重

点生态功能区转移支付政策对经济发展指数的影响。各指标的数据来源在第5章已介绍过，此处略。

6.1.1.2　实证检验及结果分析

采用双向固定效应模型对公式（6-1）进行估计，回归结果如表6-1所示。在表6-1中，模型1是没有考虑控制变量的估计结果；模型2是考虑了控制变量的估计结果；模型3是为了减少潜在的内生性问题，将控制变量滞后一期的回归结果。根据模型1的回归结果可知，政策效应的估计值为0.0134，并在1%的水平上显著，说明在不考虑其他影响因素的情况下，重点生态功能区转移支付政策在1%的显著性水平上使经济发展指数增长了1.34%。模型2的估计结果显示，政策效应的估计值为0.0149，并在1%的水平上显著，说明在综合考虑其他因素的情况下，重点生态功能区转移支付政策在1%的显著性水平上使经济发展指数增长了1.49%，相对于不考虑其他影响因素的情况，其对经济发展指数的增长作用略有提升。控制变量中人均一般预算内财政收入和投资率的回归系数均为正数，且均通过显著性检验，说明上述变量积极推动了这一政策效应，对经济发展指数的增长起到了明显的推动作用。人口密度的回归系数为负数，且在1%的水平上显著，说明人口密度对经济发展指数的提升起反向阻碍作用，这可能是因为享受重点生态功能区转移支付的地区多为资源丰富、经济欠发达的地区，产业基础薄弱，对劳动力的需求有限，人口越密集，失业率越高，导致家庭经济条件更差。这些地区应该鼓励年轻人外出务工，解决就业问题，提高收入水平，改善家庭经济条件。第三产业增加值占比对经济发展指数的影响也显著为负，这是因为第三产业不生产物质产品，随着科技的发展以及智能机器人在服务行业的使用，对劳动力的需求远小于第二产业，导致失业人数增加，收入差距扩大，从而抑制了经济发展指数的增长。城镇化率的回归系数未通过显著性检验。模型3的结果显示，将所有控制变量滞后一期，交互项的系数依然显著为正，并且变动较小，说明公式（6-1）的估计结果是稳健的。综上所述，说明重点生态功能区转移支付政策对经济发展指数的影响显著为正。

表 6-1　重点生态功能区转移支付政策对经济发展指数影响的估计结果

变量	E2		
	模型 1	模型 2	模型 3
treatmentpost	0.0134 ***	0.0149 ***	0.0163 ***
	(4.3800)	(5.1900)	(5.5800)
lnPD		−0.0444 ***	−0.0188
		(−3.1800)	(−1.3400)
lnSGF		0.0484 ***	0.0509 ***
		(12.3200)	(12.4800)
lnUR		−0.0015	−0.0048
		(−0.0400)	(−1.2700)
lnPVTI		−0.0137 ***	−0.0104 **
		(−3.0800)	(−2.2300)
lnIR		0.0013 ***	0.0017 ***
		(0.6500)	(0.8300)
常数项	0.1715 ***	0.2029 ***	0.2019 ***
	(49.7500)	(13.1100)	(12.6700)
个体效应	YES	YES	YES
时间效应	YES	YES	YES
N	1440	1440	1440
R²	0.9213	0.9322	0.9332

注：***、**、*分别表示在1%、5%、10%的水平上显著，括号内为 T 统计值。

上述实证分析结果表明，重点生态功能区转移支付政策对经济发展指数具有明显的促进作用，post 变量在政策实施当年及之后赋值为 1，在政策实施之前赋值为 0，故上述实证结果只能说明相对于重点生态功能区转移支付政策实施之前，该政策对县（市、区）经济发展指数的平均影响，并未揭露政策实施效果的动态持续性。基于此，本书进一步设置时间虚拟变量，研究重点生态功能区转移支付政策效应的动态持续性。

$$E_{it} = \beta_0 + \sum_{j=0}^{9} \beta_j \text{treatmentpost}_{it}^{j} + \sum X_{it} + \mu_i + \lambda_t + \varepsilon_{it} \quad (6\text{-}2)$$

式中，treatmentpost$_{it}^{j}$ 表示年度哑变量，其赋值在第 j 年取 1，其他年份取 0。根据研究需要，本书分别取 j = 0，1，2，3，4，5，6，7，8，9，其中，当 j = 0 时，treatmentpost$_{it}^{j}$ 表示实验组县（市、区）享受重点生态功能区转移支付政策当年的年度哑变量；当 j > 0 时，treatmentpost$_{it}^{j}$ 表示实验组县（市、区）在享受重点生态功能区转移支付政策后第 j 年的年度哑变量。β$_{j}$ 表示政策实施当年或政策实施第 j 年后，重点生态功能区转移支付政策对经济发展指数的影响。

在此基础上，本节采用双向固定效应模型对公式（6-2）进行估计，回归结果如表 6-2 所示。在表 6-2 中，模型 1 是未考虑控制变量的估计结果，模型 2 是考虑了控制变量的估计结果。两个模型中 treatmentpost^{0}、treatmentpost^{1}、treatmentpost^{2}、treatmentpost^{3}、treatmentpost^{4}、treatmentpost^{5}、treatmentpost^{6}、treatmentpost^{7}、treatmentpost^{8} 和 treatmentpost^{9} 的回归系数均为正值，且均呈波动上升态势，但模型 1 中 treatmentpost^{0}、treatmentpost^{1} 的回归系数未通过显著性检验，模型 2 中 treatmentpost^{0} 的回归系数未通过显著性检验，这说明无论是否考虑其他影响因素，重点生态功能区转移支付政策对经济发展指数均具有显著的促进作用，且促进作用逐渐增加。考虑其他影响因素后，重点生态功能区转移支付政策对经济发展指数的滞后期由 2 年变为 1 年。现实中，经济发展指数的变动不仅受重点生态功能区转移支付政策的影响，还是多种因素综合作用的结果，因此，考虑了其他影响因素的回归结果更符合实际情况。综上，重点生态功能区转移支付政策对经济发展指数的影响存在 1 年的滞后期，但具有连续性，而且政策实施时间越长，政策效应越明显。这与江西省享受重点生态功能区转移支付地区的经济发展指数的变化趋势大致吻合。因此，为了有效提高经济发展指数，改善居民的家庭经济条件，国家应该继续实施重点生态功能区转移支付政策。

表6-2 重点生态功能区转移支付政策对经济发展指数的影响：动态性检验

变量	模型1			模型2		
	回归系数	T值	P值	回归系数	T值	P值
treatmentpost^0	0.0060	1.3000	0.1940	0.0077	1.4100	0.1590
treatmentpost^1	0.0070	1.4600	0.1460	0.0098	2.1800	0.0300
treatmentpost^2	0.0136	2.7100	0.0070	0.0172	3.6700	0.0000
treatmentpost^3	0.0145	2.6400	0.0080	0.0168	3.2700	0.0010
treatmentpost^4	0.0166	2.9500	0.0030	0.0163	3.1000	0.0020
treatmentpost^5	0.0248	4.3100	0.0000	0.0235	4.3300	0.0000
treatmentpost^6	0.0282	4.7300	0.0000	0.0275	4.9300	0.0000
treatmentpost^7	0.0333	5.3400	0.0000	0.0318	5.4500	0.0000
treatmentpost^8	0.0385	4.7700	0.0000	0.0381	5.0400	0.0010
treatmentpost^9	0.0369	3.2100	0.0010	0.0413	3.8400	0.0000
常数项	0.1715	50.1100	0.0000	0.1998	12.9400	0.0000
控制变量		NO			YES	
县（市、区）固定效应		YES			YES	
年份固定效应		YES			YES	
N		1440			1440	
R^2		0.9235			0.9336	

6.1.2 重点生态功能区转移支付规模对经济发展指数的影响

6.1.2.1 模型设定、变量选择与数据来源

本部分以可获得数据的60个享受重点生态功能区转移支付的县（市、区）（即前文中的实验组）为例，构建以下计量模型，探究重点生态功能区转移支付规模对经济发展指数的影响。

$$E_{it} = \beta_0 + \beta_1 TRAN_{it} + \beta_2 X_{it} + \varepsilon_{it} \quad (6-3)$$

$$E_{it} = \beta_0 + \beta_1 TRAN_{it} + \beta_2 TRAN_{it}^2 + \beta_3 X_{it} + \varepsilon_{it} \quad (6-4)$$

式中，i 表示第 i 个县（市、区），t 表示年份。E_{it} 为被解释变量，指经济发展指数。TRAN 为解释变量，即转移支付规模。X_{it} 为一系列控制变量，包括人口

密度、人均一般预算内财政收入、城镇化率、第三产业增加值占比及投资率。ε_{it} 是残差估计值。公式（6-4）在公式（6-3）的基础上进一步添加了转移支付规模的二次项。为了缓解异方差现象，提高方程的估计效果，本书将所有控制变量进行对数处理。另外，控制变量的选取与第5章保持一致，因此，变量说明和数据来源这里不再赘述。

6.1.2.2 实证分析

本书选用享受重点生态功能区转移支付的60个县（市、区）2009～2018年的面板数据来分析重点生态功能区转移支付规模对经济发展指数的影响。面板数据估计模型主要有混合回归模型、固定效应模型和随机效应模型三种，不同效应模型的回归估计结果存在很大差异，因此，在进行面板回归分析之前需要确定面板回归模型采用的具体效应。

如表6-3所示，本书利用F检验分别判断公式（6-3）和公式（6-4）是否存在个体固定效应，在固定效应模型和混合效应模型间进行选择，结果发现公式（6-3）和公式（6-4）的F检验结果均在1%的水平上拒绝原假设，故选择固定效应模型。然后，利用Hausman检验在固定效应模型和随机效应模型间进行选择，结果显示公式（6-3）的Hausman检验统计值为22.1400，且在1%的水平上通过显著性检验；公式（6-4）的Hausman检验统计值为2.5100，但没有通过显著性检验，故公式（6-3）选择固定效应模型，公式（6-4）选择随机效应模型。

表6-3　面板回归模型固定效应和随机效应的检验

	F 检验		Hausman 检验	
	统计值	P 值	统计值	P 值
公式（6-3）	19.7400	0.000	22.1400	0.0000
公式（6-4）	20.1500	0.000	2.5100	0.3410

对于公式（6-3），在选择固定效应模型的基础上，采用Stata 15.0软件对样本面板数据进行回归估计，结果如表6-4所示。表6-4中的模型1、模型2和模

型 3 为公式（6-3）的估计结果，分别为基于面板的个体固定效应、时间固定效应和个体时间双向固定效应。从表 6-4 来看，模型 1 中有 1 个解释变量和 4 个控制变量的回归系数通过显著性检验，模型 2 中仅 2 个控制变量的回归系数通过显著性检验，模型 3 中仅 3 个控制变量的回归系数通过显著性检验，从变量回归系数的显著性来看，模型 1 最优。因此，选择模型 1（个体固定效应模型）的结果作为公式（6-3）的回归结果进行分析。

对于公式（6-4），在选择随机效应模型的基础上，采用 Stata 15.0 软件对样本面板数据进行回归估计，结果如表 6-4 所示。表 6-4 中的模型 4 为公式（6-4）的估计结果，模型 4 中有 2 个解释变量和 4 个控制变量的回归系数通过显著性检验。

表 6-4　重点生态功能区转移支付规模对经济发展指数影响的估计结果

变量	模型 1	模型 2	模型 3	模型 4
TRAN	0.1732***	−0.0068	−0.0021	0.2587***
	(7.7700)	(−0.4800)	(−0.1500)	(6.9600)
TRAN^2	—	—	—	−0.1251***
				(−2.8600)
lnPD	0.0439	−0.0100	−0.0169	0.0428
	(1.5600)	(−0.8500)	(−1.0500)	(1.5300)
lnSGF	0.0881***	0.0294***	0.0204***	0.0856***
	(17.6900)	(4.6400)	(3.1500)	(17.0800)
lnUR	0.0260***	0.0092	0.0016	0.0260***
	(3.4500)	(1.4900)	(0.2700)	(3.4800)
lnPVTI	−0.0661***	−0.0274***	−0.0271***	−0.0621***
	(−4.8600)	(−3.2500)	(−3.2700)	(−4.5700)
lnIR	0.0493***	−0.0065	−0.0115*	0.0512***
	(4.3000)	(−0.9500)	(−1.6700)	(4.4900)
常数项	0.1873***	0.1322***	0.3980***	0.0909***
	(3.1900)	(5.7200)	(10.4600)	(2.6400)
R^2	0.7459	0.7187	0.7195	0.7497

注：***、**、*分别表示在1%、5%、10%的水平上显著，括号内为T统计值。

综合公式（6-3）和公式（6-4）的回归结果可知，重点生态功能区转移支付规模的一次项系数显著为正，二次项系数显著为负，说明经济发展指数与重点生态功能区转移支付规模呈倒"U"形关系，即重点生态功能区转移支付规模对经济发展指数的影响是非线性的，重点生态功能区转移支付规模在一定范围内对经济发展指数具有促进作用，超过一定范围后，重点生态功能区转移支付规模的增加反而会抑制经济发展指数的增长。这是因为重点生态功能区转移支付规模的扩大有利于促进生态产业发展，从而带动就业和经济增长。但生态产业的发展并不能带动所有人提高收入水平，以旅游业为例，政府开发景区，吸引游客，但只有在景区附近的居民有机会通过开设宾馆、农家乐以及销售土特产等途径获取经济收益，而这部分人只是极少数。尤其在农村，广大农民以务农为主，务农获取的收入相比于行业较低。因此，生态产业的发展在促进当地总体经济发展水平提高的同时，也会进一步加大收入差距。另外，政府通过直接对低收入居民给予经济补贴的方法增加其收入，长期的经济补贴可能会使低收入居民养成依赖心理，变得懒惰，反而加剧收入差距。

对于控制变量来说，人均一般预算内财政收入对经济发展指数的影响在1%的水平上显著为正，说明人均一般预算内财政收入对经济发展指数具有正向影响。这是因为随着地方政府财政收入水平的提高，一方面，地方政府能加大经济补助范围和补助力度，改善低收入居民的经济条件；另一方面，政府有足够财力建立生态产业链，发展生态产业，从而带动就业和经济增长。投资率对经济发展指数的影响也显著为正，这主要是因为投资、消费和出口是拉动我国经济增长的"三驾马车"。投资作为经济增长的主要因素之一，投资率增长可以增加就业，提高收入水平，实现经济发展。城镇化率对经济发展指数的影响显著为正，这是因为城镇化水平越高，人口流入量越大，能有效弥补劳动力不足带来的经济损失，促进技术进步，推动经济增长。第三产业增加值占比对经济发展指数的影响显著为负。人口密度对经济发展指数的影响未通过显著性检验。

6.2　重点生态功能区转移支付对公共服务指数的影响

公共服务涉及的范围极为广泛，学术界对于公共服务和基本公共服务概念的界定存在一定的争议。目前，国内学者关于公共产品和公共服务主要有三种观点：公共产品和公共服务是同一概念（张馨，2004；江明融，2006）；公共产品是公共服务的一种方式（公共山东省财政科学研究所课题组，2008）；公共服务属于公共产品范畴（安体富和任强，2007）。吕炜和王伟同（2008）认为，分析基本公共服务的内涵应当把握三个要点，我们所探讨的公共服务是提供保障民众最为基本的公共服务需求；所提供的公共服务要体现出公共产品的属性；针对我国当前社会发展中面临的主要问题和矛盾。常修泽（2007）认为，现阶段基本公共服务应包括四方面内容，即基本民生性服务、公共事业性服务、公益基础性服务以及公共安全性服务。我国《国家基本公共服务体系"十二五"规划》首次给出了官方界定：是指建立在一定社会共识基础上，由政府主导提供的，与经济社会发展水平和阶段相适应，旨在保障全体公民生存和发展基本需求的公共服务。

进入 21 世纪以来，为促进地区间平衡发展和公共服务均等化，中央不断加大对西部地区转移支付力度（郭世芹和邹杰，2018）。为了探究转移支付是否切实促进了公共服务发展和均等化，学术界运用实证模型进行了大量研究。宋小宁等（2012）基于 2000 余个县级样本，同时运用 FE 模型 OLS 回归模型和 GMM 估计方法进行估计，发现一般性转移支付对基本公共服务供给的影响极其微弱，就基本公共服务供给而言，更应依靠专项转移支付。段晓红（2016）研究得出，均衡性转移支付并非促进地区公共服务均等化的最优选择，认为我国应综合均衡性转移支付和专项转移支付的制度优势，加大专项性一般转移支付。朱润喜和王群群（2017）通过建立面板门槛回归模型，实证考察了2001~2014年转移支付对公共服务均等化的门槛效应影响，结果发现，当地方政府非正式财权水平较低时，转移支付对公共服务均等化的促进作用微弱，甚至会产生抑制效果；当地方政府非正式财权水平逐步提高时，转移支付水平会逐步起到促进公共服务均等化的作用；而当地方政府非正式财权水平进一步提高时，转移支付促进公共服务均等化的作用又会逐步弱化。杜盼（2017）以陕西省10个地级市的数据为例，具体分析了1998~2005年转移支付对地市级基本公共服务供给的影响，发现一般转移支付对地方基本公共服务供给的影响比较小，专项转移支付对地方基本公共服务供给有相对显著的影响。郑垚和孙玉栋（2018）通过建立门槛效应模型，实证检验了转移支付对基本公共服务供给的影响，发现转移支付能够有效扩大地方基本公共服务的支出规模，却无法有效改变地方政府"重经济建设，轻公共服务"的支出偏好。朱光等（2019）研究发现，专项转移支付对五大类地方政府公共服务支出均具有显著的积极影响，而一般性转移支付仅对环保与交通运输地方政府公共服务支出具有显著的积极影响。乔俊峰和陈荣汾（2019）研究发现，一般性转移支付和专项转移支付都会提升基本公共服务均等化水平，但与专项转移支付相比，一般性转移支付的影响程度较弱。

综合众多学者的研究成果来看，大部分学者认为，一般性转移支付和专项转移支付都会提升基本公共服务供给，促进公共服务均等化，但与专项转移支付相比，一般性转移支付的影响程度较弱，故我国应综合均衡性转移支付和专项转移支付的制度优势，加大专项性一般转移支付。为维护国家生态安全，推动地方政府加强生态环境保护和改善民生而实施的重点生态功能区转移支付即属于专项性一般转移支付，具有特定的政策目标，但没有规定特定的实施项目。本书第3章对重点生态功能区转移支付对公共服务的作用机理进行了分析，发现重点生态功能区转移支付政策可以促进公共服务供给，并且转移支付规模越大，公共服务指数越高。基于此，本节利用江西省县域数据，分别探讨重点生态功能区转移支付政策和规模对公共服务指数的影响。

6.2.1　重点生态功能区转移支付政策对公共服务指数的影响

6.2.1.1　模型设定、变量选择与数据来源

（1）模型设定。基于上述分析，本部分借鉴 Tanaka（2015）、刘瑞明和赵仁杰（2015）、范洪敏（2018）的实证分析思路，运用 2001~2018 年江西省 80 个县（市、区）的面板数据构建计量模型，实证分析重点生态功能区转移支付政策对公共服务指数的影响。计量模型如下：

$$L_{it} = \beta_0 + \beta_1 treatmentpost_{it} + \beta_2 X_{it} + \mu_i + \lambda_t + \varepsilon_{it} \tag{6-5}$$

式中，L_{it} 为被解释变量，指公共服务指数，下标 i 和 t 分别代表第 i 个县（市、区）和第 t 年份。$treatment_i$ 为分组虚拟变量，用来获取组别效应（实验组和对照组的固有差别）；$post_t$ 为时间虚拟变量，用来获取政策实施的时间效应；交互项 $treatmentpost_{it}$ 代表了政策实施的真正效应。β_j 为政策效应系数。X_{it} 为一系列控制变量，包括人口密度、人均一般预算内财政收入、城镇化率、第三产业增加值占比及投资率。μ_i 为个体固定效应，λ_t 为时间固定效应，ε_{it} 表示误差项。

（2）变量选择。被解释变量：公共服务指数（L）。本书采用第 4 章测算的 2001~2018 年江西省 80 个县（市、区）的公共服务指数来度量。公共服务指数值越大，说明公共服务供给水平越高。

核心解释变量：treatmentpost。当区域属于实验组，且享受重点生态功能区转移支付政策时，取值为 1，其余情况取值为 0。

控制变量：与第 5 章保持一致，本章同样选用人口密度、人均一般预算内财政收入、城镇化率、第三产业增加值占比及投资率作为控制变量，含义和计算方法同第 5 章，此处略。

（3）数据来源。本节以重点生态功能区转移支付政策为外生冲击，并构造准自然实验，运用江西省 80 个县（市、区）2001~2018 年的面板数据，分析重点生态功能区转移支付政策对公共服务供给的影响。各指标数据来源已在第 5 章介绍过，此处略。

6.2.1.2 实证检验及结果分析

采用双向固定效应模型对公式（6-5）进行估计，回归估计结果如表6-5所示。在表6-5中，模型1是没有考虑控制变量的估计结果；模型2是考虑了控制变量的估计结果；模型3是为了降低潜在的内生性问题，将控制变量滞后一期的回归结果。根据模型1的回归结果可知，政策效应的估计值为0.0104，并在1%的水平上显著，说明在不考虑其他影响因素的情况下，重点生态功能区转移支付政策在1%的显著性水平上使公共服务指数增长了1.04%。模型2的估计结果显示，政策效应的估计值为0.0113，并在1%的水平上显著，说明在综合考虑其他因素的情况下，重点生态功能区转移支付政策在1%的显著性水平上使公共服务指数增长了1.13%。控制变量中，人口密度和投资率的回归系数均为正数，且通过了显著性检验，说明人口密度和投资率对公共服务指数具有显著的正向影响。城镇化率的回归系数为负，且在10%的水平上显著，说明城镇化率对公共服务指数产生了比较显著的负向影响，这是因为在城镇化水平提高的过程中，城市人口数量逐渐增多，对公共服务的需求也逐渐增加，而政府对公共服务的投资没有相应增加，从而导致人均公共服务水平降低。人均一般预算内财政收入和第三产业增加值占比的回归系数均未通过显著性检验。模型3的结果显示，将所有控制变量滞后一期，交互项的系数依然显著为正，并且变动极小，说明公式（6-5）的估计结果是稳健的。综上，重点生态功能区转移支付政策对公共服务指数的影响显著为正。

表6-5 重点生态功能区转移支付政策对公共服务指数影响的估计结果

变量	L		
	模型1	模型2	模型3
treatmentpost	0.0104***	0.0113***	0.0114***
	(3.0500)	(3.3300)	(3.3200)

续表

变量	L		
	模型1	模型2	模型3
lnPD	—	0.0307*	0.0044
		(1.8600)	(0.2600)
lnSGF	—	−0.0065	−0.0122**
		(−1.4200)	(−2.5100)
lnUR	—	−0.0076*	−0.0009
		(−1.7700)	(−0.2100)
lnPVTI		−0.0104	−0.0054
		(−0.9800)	(−0.9700)
lnIR	—	0.0099***	0.0115***
		(4.0300)	(4.6200)
常数项	0.2183***	0.2193***	0.1745***
	(56.8000)	(11.9800)	(9.2400)
个体效应	YES	YES	YES
时间效应	YES	YES	YES
N	1440	1440	1440
R^2	0.5007	0.5125	0.5291

注：***、**、*分别表示在1%、5%、10%的水平上显著，括号内为T统计值。

上述实证分析结果表明，重点生态功能区转移支付政策对公共服务指数具有明显的促进作用，post变量在政策实施当年及之后赋值为1，在政策实施之前赋值为0，故上述实证结果只能说明相对于重点生态功能区转移支付政策实施之前，该政策对县（市、区）公共服务指数的平均影响，并未揭露政策实施效果的动态持续性。基于此，本书进一步设置时间虚拟变量，研究重点生态功能区转移支付政策效应的动态持续性。

$$L_{it} = \beta_0 + \sum_{j=0}^{9} \beta_j treatmentpost_{it}^j + \sum X_{it} + \mu_i + \lambda_t + \varepsilon_{it} \qquad (6-6)$$

式中，$treatmentpost_{it}^j$ 表示年度哑变量，其赋值在第j年取1，其他年份取0。根据研究需要，本书分别取j=0，1，2，3，4，5，6，7，8，9，其中，当j=0

时，$\text{treatmentpost}^j_{it}$ 表示实验组县（市、区）在享受重点生态功能区转移支付政策当年的年度哑变量；当 j>0 时，$\text{treatmentpost}^j_{it}$ 表示实验组县（市、区）在享受重点生态功能区转移支付政策后第 j 年的年度哑变量。β_j 表示政策实施当年或政策实施第 j 年后，重点生态功能区转移支付政策对公共服务指数的影响。

在此基础上，采用双向固定效应模型对公式（6-6）进行估计，回归估计结果如表 6-6 所示。在表 6-6 中，模型 1 是未考虑控制变量的估计结果，模型 2 是考虑了控制变量的估计结果。模型 1 和模型 2 的回归结果显示，treatmentpost^0、treatmentpost^1、treatmentpost^2、treatmentpost^3 的回归系数均显著为正，treatmentpost^4、treatmentpost^5、treatmentpost^6、treatmentpost^7、treatmentpost^8、treatmentpost^9 的回归系数均未通过显著性检验。根据上述结果可知，重点生态功能区转移支付政策在实施当年及实施后 3 年对公共服务指数具有显著的促进作用，再往后，该政策对公共服务指数的促进作用不再显著，说明重点生态功能区转移支付政策对公共服务供给的影响存在时效性，长期后会变得不显著。因此，区域公共服务水平的提高不能仅依靠重点生态功能区转移支付政策，政府需要采取其他政策措施共同促进公共服务供给。

表 6-6　重点生态功能区转移支付政策对公共服务指数的影响：动态性检验

变量	模型 1			模型 2		
	回归系数	T 值	P 值	回归系数	T 值	P 值
treatmentpost^0	0.0134	2.5500	0.0110	0.0139	2.6800	0.0080
treatmentpost^1	0.0990	1.8300	0.0680	0.0109	2.0500	0.0410
treatmentpost^2	0.0186	3.3100	0.0010	0.0189	3.3900	0.0010
treatmentpost^3	0.0139	2.2600	0.0240	0.0149	2.4300	0.0150
treatmentpost^4	0.0046	0.7300	0.4680	0.0058	0.9300	0.3510
treatmentpost^5	0.0058	0.9000	0.3680	0.0064	1.0100	0.3150
treatmentpost^6	−0.0003	−0.0500	0.9600	0.0012	0.1800	0.8590
treatmentpost^7	−0.0037	−0.5200	0.6000	−0.0017	−0.2500	0.8030
treatmentpost^8	−0.0124	−1.3700	0.1720	−0.0107	−1.1900	0.2330

续表

变量	模型 1			模型 2		
	回归系数	T 值	P 值	回归系数	T 值	P 值
treatmentpost[9]	0.0036	0.2800	0.7790	0.0054	0.4300	0.6690
常数项	0.2183	56.9400	0.0000	0.2203	12.0200	0.0000
控制变量	NO			YES		
县（市、区）固定效应	YES			YES		
年份固定效应	YES			YES		
N	1440			1440		
R^2	0.5066			0.5178		

6.2.2　重点生态功能区转移支付规模对公共服务指数的影响

6.2.2.1　模型设定、变量选择与数据来源

本部分以可获得数据的 60 个享受重点生态功能区转移支付的县（市、区）（即前文中的实验组）为例，构建以下计量模型探究重点生态功能区转移支付规模对公共服务指数的影响。

$$L_{it} = \beta_0 + \beta_1 TRAN_{it} + \beta_2 X_{it} + \varepsilon_{it} \tag{6-7}$$

$$L_{it} = \beta_0 + \beta_1 TRAN_{it} + \beta_2 TRAN_{it}^2 + \beta_3 X_{it} + \varepsilon_{it} \tag{6-8}$$

式中，i 为第 i 个县（市、区），t 为年份。L_{it} 为被解释变量，指公共服务指数。TRAN 为解释变量，即重点生态功能区转移支付规模。X_{it} 为一系列控制变量，包括人口密度、人均一般预算内财政收入、城镇化率、第三产业增加值占比及投资率。ε_{it} 为残差估计值。公式（6-8）在公式（6-7）的基础上进一步添加了转移支付规模的二次项。为了缓解异方差现象，提高方程的估计效果，本书将所有控制变量进行对数处理。另外，控制变量的选取与第 5 章保持一致，因此，对于变量说明和数据来源这里不再赘述。

6.2.2.2　实证分析

本书选用享受重点生态功能区转移支付的 60 个县（市、区）2009~2018 年

的面板数据来分析重点生态功能区转移支付规模对公共服务指数的影响。面板数据估计模型主要有混合回归模型、固定效应模型和随机效应模型三种，不同效应模型的回归结果存在很大差异，因此，在进行面板回归分析之前，需要确定面板回归模型采用的具体效应。

如表 6-7 所示，本书利用 F 检验分别判断公式（6-7）和公式（6-8）是否存在个体固定效应，在固定效应模型和混合效应模型间进行选择，结果发现 F 检验结果均在 1% 的水平上拒绝原假设，故均选择固定效应模型；然后，利用 Hausman 检验在固定效应模型和随机效应模型间进行选择，结果显示公式（6-7）的 Hausman 检验统计值为 3.2300，未通过显著性检验；公式（6-8）的 Hausman 检验统计值为 2.3000，也未通过显著性检验，故公式（6-7）和公式（6-8）均选择随机效应模型。

表 6-7　面板回归模型固定效应和随机效应的检验

	F 检验		Hausman 检验	
	统计值	P 值	统计值	P 值
公式（6-7）	14.3400	0.000	3.2300	0.1530
公式（6-8）	14.4100	0.000	2.3000	0.1210

对于公式（6-7），在选择随机效应模型的基础上，采用 Stata 15.0 软件对样本面板数据进行回归估计，结果如表 6-8 中的模型 1 所示。对于公式（6-8），在选择随机效应模型的基础上，采用 Stata 15.0 软件对样本面板数据进行回归估计，结果如表 6-8 中的模型 2 所示。

综合公式（6-7）和公式（6-8）的回归结果可知，重点生态功能区转移支付规模的一次项系数显著为正，加入二次项后，一次项系数仍然显著为正，而二次项系数不显著，说明重点生态功能区转移支付规模对公共服务指数有显著的正向线性作用，转移支付规模越大，公共服务指数越高。这是因为环境保护是重点生态功能区转移支付政策的重点考核指标,享受该政策的地方政府为了保护环境,必须增加环境保护支出和加大工业生产监管,但这会给地方财政带来巨大压力,从而导致用于社会公共服务的财政支出必然减少。该政策通过向地方政府给予转移支付,直接增加地方财政收入,有效缓解地方政府的财政压力,使地方政府在保护生态环境之余,有足够财力提供公共服务,并且转移支付规模越大,地方政府的财政压力越小,越有能力增加公共服务供给。对于控制变量来说,人均一般预算内财政收入和投资率对公共服务指数均产生显著的正向影响,表明随着投资率的增加,经济发展水平得到提高,地方政府自有财力得以增强,拥有更多的财力和经济自主权安排本地公共事务,从而增加公共服务供给(郭世芹,2018)。第三产业增加值占比对公共服务指数的影响也显著为正,说明第三产业的发展有利于推动公共服务事业的发展。人口密度和城镇化率的回归系数没有通过显著性检验。

表 6-8　重点生态功能区转移支付规模对公共服务指数影响的计量估计结果

变量	随机效应	
	模型 1	模型 2
TRAN	0.0744***	0.1122***
	(4.0800)	(3.6700)
TRAN²	—	-0.0552
		(-1.5400)
lnPD	0.0169	0.0165
	(0.7400)	(0.7200)
lnSGF	0.0285***	0.0275***
	(7.0100)	(6.6600)
lnUR	0.0469	0.0469
	(0.7600)	(0.7600)
lnPVTI	0.0257**	0.0240**
	(2.3100)	(2.1500)
lnIR	0.0278***	0.0286***
	(2.9600)	(3.0500)

续表

变量	随机效应	
	模型 1	模型 2
常数项	0. 1873 ***	0. 1855 ***
	(6. 6200)	(6. 5600)
R²	0. 5852	0. 5879

注：***、**、*分别表示在 1%、5%、10%的水平上显著，括号内为 T 统计值。

6.3 重点生态功能区转移支付对环境保护指数的影响

2013 年 9 月 7 日，习近平在哈萨克斯坦纳扎尔巴耶夫大学发表演讲并回答学生们提出的问题，在谈到环境保护问题时他指出："我们既要绿水青山，也要金山银山。宁要绿水青山，不要金山银山，而且绿水青山就是金山银山。"表达了党和政府大力推进生态文明建设的鲜明态度和坚定决心，为我国未来经济发展指明了方向。为了优化国土空间开发格局，推进生态文明制度建设，2010 年国务院正式下发《全国主体功能区规划》，确定了国家重点生态功能区。重点生态功能为推动重点生态功能区所在县（市、区）政府加强生态环境保护和改善民生，2009 年财政部正式印发《国家重点生态功能区转移支付（试点）办法》（财预〔2009〕433 号），正式建立国家重点生态功能区转移支付制度。之后，该项政策不断优化完善，补助范围不断扩大，补助资金不断增加，到 2020 年，该项政策已经覆盖全国 31 个省（区、市）的 818 个县（市、区），累计投入超过 6000 亿元（刘桂环等，2020）。重点生态功能区转移支付作为目前我国规模最大的区域生态补偿政策，其是否能够有效激励县（市、区）政府保护生态环境，改善生态环境质量成为学术界研究的热点。很多文献主要从重点生态功能区转移支付制度入手，采用定性研究方法分析了该项制度存在的各种问题，采用实证分析的文献并不多（缪小林和赵一心，2019）。曹鸿杰等（2020）通过理论分析和实证检验发现，重点生态功能区转移支付达到了促进地区协调发展的目标，对生态环境保护和公共服务供给具有激励效应，环境分权对政策效果有促进作用，而财政分权抑制了政策效果的发挥。田嘉莉和赵昭（2020）利用 2011~2015 年湖北省县级面板数据，考察国家重点生态功能区转移支付政策的环境效应，发现转移支付政策对生态环境质量的提升具有促进作用；且生态环境质量的提高将促进转移支付政策的环境效应；但财政收支缺口的扩大将削弱转移支付政策的环境效应。徐鸿翔和张文彬（2017）以陕西省 33 个国家重点生态功能区为研究样本，实证分析了生态补偿转移支付对生态环境质量指数的促进效应，回归结果显示，转移支付对生态环境质量的改善起到了重要的促进作用。谢恺（2018）研究发现，自国家重点生态功能区转移支付制度实施以来，切实提升了我国生态功能区的面积和生态环境的质量，为我国生态文明建设做出了贡献。李国平等（2014）以陕西省秦巴山区国家重点生态功能区县域生态环境指数为研究样本，采用空间计量模型，对生态环境质量的影响因素进行实证分析，发现国家重点生态功能区转移支付对生态环境质量具有正向促进作用，但这种促进作用相对有限。

从现有学术文献来看，研究重点生态功能转移支付对环境质量影响的文献已经取得了有价值的成果，为本书的研究奠定了基础。本书第 3 章通过对重点生态功能区转移支付对环境保护的影响机理进行分析，发现重点生态功能区转移支付政策可以促进环境保护，而转移支付规模对环境保护的影响是非线性的。基于此，本书以江西省 80 个县（市、区）为例，从县域层面研究重点生态功能区转移政策和规模对环境保护指数的影响。

6.3.1 重点生态功能区转移支付政策对环境保护指数的影响

6.3.1.1 模型设定、变量选择与数据来源

(1)模型设定。基于上述分析,本部分运用2001～2018年江西省80个县(市、区)的面板数据构建计量模型,实证检验重点生态功能区转移支付政策对环境保护指数的影响,计量模型如下:

$$S_{it} = \beta_0 + \beta_1 treatmentpost_{it} + \beta_2 X_{it} + \mu_i + \lambda_t + \varepsilon_{it} \tag{6-9}$$

式中,S_{it}为被解释变量,指环境保护指数,下标i和t分别代表第i个县(市、区)和第t年份。$treatment_i$为分组虚拟变量,用来获取组别效应(实验组和对照组的固有差别)。$post_t$为时间虚拟变量,用来获取政策实施的时间效应。交互项$treatmentpost_{it}$代表政策实施的真正效应。β_j为政策效应系数。X_{it}为一系列控制变量,包括人口密度、人均一般预算内财政收入、城镇化率、第三产业增加值占比及投资率。μ_i为个体固定效应,λ_t为时间固定效应,ε_{it}表示误差项。

(2)变量选择。被解释变量:环境保护指数(S)。本书采用第4章测算的2001～2018年江西省80个县(市、区)的环境保护指数来度量。环境保护指数值越大,说明生态环境质量越好。

核心解释变量:treatmentpost。当区域属于实验组,且享受重点生态功能区转移支付政策时,取值为1,其余情况取值为0。

控制变量:与第5章保持一致,本章同样选用人口密度、人均一般预算内财政收入、城镇化率、第三产业增加值占比及投资率作为控制变量,含义和计算方法同第5章,此处略。

(3)数据来源。本节以重点生态功能区转移支付政策为外生冲击,并构造准自然实验,运用江西省80个县(市、区)2001～2018年的面板数据,分析重点生态功能区转移支付政策对环境保护的影响。各指标数据来源已在第5章介绍过,此处略。

6.3.1.2　实证检验及结果分析

本书采用双向固定效应模型对公式（6-9）进行估计，回归结果如表6-9所示。在表6-9中，模型1是没有考虑控制变量的估计结果；模型2是考虑了控制变量的估计结果；模型3是为了降低潜在的内生性问题，将控制变量滞后一期的回归结果。根据模型1的回归结果可知，政策效应的估计值为0.0093，并在1%的水平上显著，说明在不考虑其他影响因素的情况下，重点生态功能区转移支付政策在1%的显著性水平上使环境保护指数增长了0.93%。模型2的估计结果显示，政策效应的估计值为0.0077，并在1%的水平上显著，说明在综合考虑其他因素的情况下，重点生态功能区转移支付政策在1%的显著性水平上使环境保护指数增长了0.77%。控制变量中，人口密度对环境保护指数的影响在1%的水平上显著为负，说明人口密度越高，环境质量越差，这主要是因为人口越密集，人类活动越频繁，产生的垃圾数量越多，对环境的破坏程度越大。第三产业增加值占比对环境保护指数具有正向影响，且在1%的水平上显著，说明随着第三产业增加值占比的增加，经济发展过程中对生态环境产生的负面影响逐渐减小，从而改善环境质量。人均一般预算内财政收入、城镇化率及投资率的回归系数没有通过显著性检验。模型3的结果显示，将所有控制变量滞后一期，交互项的系数依然显著，并且变动极小，说明公式（6-9）的估计结果是稳健的。综上，重点生态功能区转移支付政策对环境保护指数的影响显著为正。

表6-9　重点生态功能区转移支付政策对环境保护指数影响的估计结果

变量	S2		
	模型 1	模型 2	模型 3
treatmentpost	0.0093***	0.0077***	0.0107***
	(3.9600)	(3.4800)	(4.5200)
lnPD	—	−0.1300***	−0.0086
		(−11.9800)	(−0.7600)

续表

变量	S2		
	模型 1	模型 2	模型 3
lnSGF	—	0.0013	0.0004
		(0.4400)	(0.1400)
lnUR	—	0.0104	0.0061
		(1.5800)	(1.0600)
lnPVTI	—	0.0114***	0.0066*
		(3.2900)	(1.7400)
lnIR	—	0.0007	0.0033*
		(0.4400)	(1.9100)
常数项	0.3200***	0.3765***	0.3239***
	(121.1200)	(31.2800)	(24.9200)
个体效应	YES	YES	YES
时间效应	YES	YES	YES
N	1440	1440	1440
R²	0.5091	0.5615	0.5361

注：***、**、*分别表示在1%、5%、10%的水平上显著，括号内为T统计值。

上述实证分析结果表明，重点生态功能区转移支付政策对环境保护指数具有明显的促进作用，post变量在政策实施当年及之后赋值为1，在政策实施之前赋值为0，故上述实证结果只能说明相对于重点生态功能区转移支付政策实施之前，该政策对县（市、区）环境保护指数的平均影响，并未揭露政策实施效果的动态持续性。基于此，本书进一步设置时间虚拟变量，研究重点生态功能区转移支付政策效应的动态持续性。

$$S_{it} = \beta_0 + \sum_{j=0}^{9} \beta_j treatmentpost_{it}^j + \sum X_{it} + \mu_i + \lambda_t + \varepsilon_{it} \qquad (6-10)$$

式中，$treatmentpost_{it}^j$ 表示年度哑变量，其赋值在第 j 年取 1，其他年份取 0。根据研究需要，本书分别取 j = 0，1，2，3，4，5，6，7，8，9，其中，当 j = 0 时，$treatmentpost_{it}^j$ 表示实验组县（市、区）享受重点功能区转移支付政策当年的年度哑变量；当 j>0 时，treatmentpost$_{it}^{j}$ 表示实验组县（市、区）享受重点功能区转移支付政策后第 j 年的年度哑变量。β_j 表示政策实施当年或政策实施第 j 年后，重点生态功能区转移支付政策对环境保护指数的影响。

本节采用双向固定效应模型对公式（6-10）进行估计，回归结果如表 6-10 所示。模型 1 是未考虑控制变量的估计结果，模型 2 是考虑了控制变量的估计结果。两个模型中 treatmentpost^0、treatmentpost^1、treatmentpost^2、treatmentpost^3、treatmentpost^4、treatmentpost^5、treatmentpost^6、treatmentpost^7、treatmentpost^8 的回归系数均显著为正，说明是否考虑其他影响因素，在重点生态功能区转移支付政策实施后的 6 年内，该政策对环境保护指数均具有显著的促进作用，再往后，该政策对环境保护指数的促进作用具有不确定性。另外，根据回归系数的大小可知，政策效应值总体呈波动上升态势，说明重点生态功能区转移支付政策对环境保护指数的促进作用逐渐增大。这可能是因为政策实施后，地方政府的财政收入增加，通过增加环境保护支出促进生态修复和环境治理，达到改善环境质量的目的，而生态修复和环境治理没法起到立竿见影的效果，需要一段时间才能改善环境质量。综上，重点生态功能区转移支付政策对环境保护的影响具有连续性，而且政策实施时间越长，政策效应越明显。因此，为了有效提高环境保护指数，改善生态环境质量，国家应该继续实施重点生态功能区转移支付政策。

表 6-10　重点生态功能区转移支付政策对环境保护指数的影响：动态性检验

变量	模型 1			模型 2		
	回归系数	T 值	P 值	回归系数	T 值	P 值
treatmentpost^0	0.0081	2.2600	0.0240	0.0069	2.0400	0.0420
treatmentpost^1	0.0072	1.9600	0.0500	0.0072	2.0500	0.0410
treatmentpost^2	0.0121	3.1400	0.0020	0.0109	2.9900	0.0030
treatmentpost^3	0.0027	2.3000	0.0220	0.0016	2.1000	0.0360
treatmentpost^4	0.0111	2.5800	0.0100	0.0097	2.3700	0.0180
treatmentpost^5	0.0202	4.5700	0.0000	0.0140	3.3100	0.0010
treatmentpost^6	0.0109	2.3800	0.0170	0.0080	1.8500	0.0650

变量	模型 1			模型 2		
	回归系数	T 值	P 值	回归系数	T 值	P 值
treatmentpost[7]	0.0043	0.9000	0.3670	0.0021	0.4600	0.6420
treatmentpost[8]	0.0203	3.2800	0.0010	0.0170	2.8800	0.0040
treatmentpost[9]	0.0054	0.6200	0.5370	0.0045	0.5400	0.5860
常数项	0.3200	121.6700	0.0000	0.3759	31.2100	0.0000
控制变量	—	NO	—	—	YES	—
县（市、区）固定效应	—	YES	—	—	YES	—
年份固定效应	—	YES	—	—	YES	—
N		1440			1440	
R^2	—	0.5167	—	—	0.5665	—

6.3.2　重点生态功能区转移支付规模对环境保护指数的影响

6.3.2.1　模型设定、变量选择与数据来源

本部分以可获得数据的 60 个享受重点生态功能区转移支付的县（市、区）（即前文中的实验组）为例，构建以下计量模型，探究重点生态功能区转移支付规模对环境保护指数的影响。

$$S_{it} = \beta_0 + \beta_1 TRAN_{it} + \beta_2 X_{it} + \varepsilon_{it} \tag{6-11}$$

$$S_{it} = \beta_0 + \beta_1 TRAN_{it} + \beta_2 TRAN_{it}^2 + \beta_3 X_{it} + \varepsilon_{it} \tag{6-12}$$

式中，i 表示第 i 个县（市、区），t 表示年份。S_{it} 为被解释变量，指环境保护指数。TRAN 为解释变量，即转移支付规模。X_{it} 为一系列控制变量，包括人口密度、人均一般预算内财政收入、城镇化率、第三产业增加值占比及投资率。ε_{it} 是残差估计值。公式（6-12）在公式（6-11）的基础上进一步添加了转移支付规模的二次项。为了缓解异方差现象，提高方程的估计效果，本书将所有控制变量进行对数处理。另外，控制变量的选取与第 5 章保持一致，因此，对于变量说明和数据来源这里不再赘述。

6.3.2.2　实证分析

本书采用 60 个样本县（市、区）2009～2018 年的面板数据来分析重点生态功能区转移支付规模对环境保护指数的影响。面板数据估计模型主要有混合回归模型、固定效应模型和随机效应模型三种，不同效应模型的回归结果存在很大差异，因此，在进行面板回归分析之前，需要确定面板回归模型采用的具体效应。

如表 6-11 所示，利用 F 检验分别判断公式（6-11）和公式（6-12）是否存在个体固定效应，在固定效应模型和混合效应模型间进行选择，结果发现 F 检验结果均在 1% 的水平上拒绝原假设，故均选择固定效应模型。然后，利用 Hausman 检验在固定效应模型和随机效应模型间进行选择，结果显示公式（6-11）的 Hausman 检验统计值为 0.4100，且未通过显著性检验；公式（6-12）的 Hausman 检验统计值为 6.1200，也未通过显著性检验，故公式（6-11）和公式（6-12）均选择随机效应模型。

表 6-11　面板回归模型固定效应和随机效应的检验

	F 检验		Hausman 检验	
	统计值	P 值	统计值	P 值
公式（6-11）	14.2400	0.000	0.4100	0.1750
公式（6-12）	14.2600	0.000	6.1200	0.1410

对于公式（6-11），在选择随机效应模型的基础上，采用 Stata 15.0 软件对样本面板数据进行回归估计，结果如表 6-12 所示。表 6-12 中的模型 1 为公式（6-11）的估计结果，模型 1 中有 1 个解释变量和 4 个控制变量的回归系数通过显著性检验。

对于公式（6-12），在选择随机效应模型的基础上，采用 Stata 15.0 软件对样本面板数据进行回归估计，结果如表 6-12 所示。表 6-12 中的模型 2 为公式（6-12）的估计结果，模型 2 中有 1 个解释变量和 4 个控制变量回归系数均通过显著性检验。

表6-12　重点生态功能区转移支付规模对环境保护指数影响的计量估计结果

变量	模型 1	模型 2
TRAN	0.0163 *	0.0362 *
	(1.7200)	(1.6900)
TRAN^2	—	-0.0291
		(-1.1500)
lnPD	-0.1399 ***	-0.1401 ***
	(-8.6600)	(-8.6700)
lnSGF	0.0120 ***	0.0115 ***
	(4.2200)	(3.9700)
lnUR	-0.0054	-0.0054
	(-1.2700)	(-1.2700)
lnPVTI	0.0106 **	0.0097 **
	(2.3700)	(2.2400)
lnIR	0.0225 ***	0.0229 ***
	(3.4200)	(3.4800)
常数项	0.4486 ***	0.4477 ***
	(22.6000)	(22.5400)
R^2	0.8573	0.8559

注：***、**、*分别表示在1%、5%、10%的水平上显著，括号内为 T 统计值。

综合公式（6-11）和公式（6-12）的回归结果可知，重点生态功能区转移支付规模的一次项系数显著为正，加入二次项后，一次项依然显著为正，二次项系数没有通过显著性检验，说明重点生态功能区转移支付规模对环境保护指数具有显著的正向线性作用。根据理论分析可知，环境保护具有耗资大、见效慢的特点，在生态功能区转移支付规模较小时，地方政府的财政资金不足，难以开展大范围的环境保护，同时较小规模的生态功能区转移支付难以对地方政府产生激励作用。地方政府为了追求更高的政绩，更重视发展经济，只有当生态功能区转移支付达到一定规模时，才有足够财力进行环境保护，故生态功能区转移支付规模和环境保护指数可能是非线性关系。实证回归结果显示，重点生态功能区转移支付规模对环境保护指数具有显著的正向线性作用。其原因可能是我国自中央财政出台国家重点生态功能区转移支付政策后，转移支付规模逐年增加，2008 年转移支付资金规模为 66 亿元，截至 2018 年转移支付资金规模已高达 721 亿元。政策实施初期，较大的转移支付规模已经达到促进环境质量改善的目的。

对于控制变量来说，人均一般预算内财政收入对环境保护指数具有显著的正向影响，说明随着政府自有财力的增强，地方政府拥有更多的财力和经济自主权进行生态修复和污染治理，从而改善环境质量。第三产业增加值占比对环境保护指数具有显著的正向影响，这是因为第三产业相对于第二产业来说，产业发展过程中产生的污染物较少，第三产业增加值占比越高，经济发展过程中对环境的破坏越小。投资率对环境保护指数的影响显著为正，投资率的适度增长可以有效带动经济增长。根据环境库兹涅茨曲线可知，在一定的经济发展水平内，随着经济发展水平的提高，环境质量逐渐恶化。当经济发展水平提高到曲线右端时，随着经济发展水平的提高，环境质量将逐渐改善。人口密度对环境保护指数具有显著的负向影响，城镇化率的回归系数没有通过显著性检验。

6.4　经济发展、公共服务供给和环境保护的交互影响效应

6.4.1　模型设定、变量选择与数据来源

绿色可持续发展是一个动态的过程，在该过程中，经济、社会、环境、自然等多个作用因子构成了一个驱动力集，任何一个因子的变动均会引起其他因子和绿色可持续发展指数的变动。从衡量绿色可持续发展水平的经济、社会、环境三个维度来看，任何一个维度的变化均会引起其余两个维度的变动，也会受其余两

个维度变动的影响。本书第3章对经济发展、公共服务供给和环境保护三个维度的相互作用机理进行了分析，发现经济发展和公共服务供给之间、经济发展和环境保护之间、公共服务供给和环境保护之间均会相互作用。基于此，本节运用江西省享受重点生态功能区转移支付的 60 个县（市、区）2009~2018 年的非平衡面板数据构造联立回归模型［见模型（6-13）］，实证检验各维度之间产生的交互影响效应及其与重点生态功能区转移支付规模的关系。

$$\begin{cases} \ln(E_{it}) = \alpha_0 + \alpha_1 \ln(L_{it}) + \alpha_2 \ln(S_{it}) + \alpha_3 \ln(TRAN_{it}) + \alpha_4 \ln(X_{it}) + \varepsilon_{it} \\ \ln(L_{it}) = \beta_0 + \beta_1 \ln(E_{it}) + \beta_2 \ln(S_{it}) + \beta_3 \ln(TRAN_{it}) + \beta_4 \ln(X_{it}) + \varepsilon_{it} \\ \ln(S_{it}) = \gamma_0 + \gamma_1 \ln(E_{it}) + \gamma_2 \ln(L_{it}) + \gamma_3 \ln(TRAN_{it}) + \gamma_4 \ln(X_{it}) + \varepsilon_{it} \end{cases} \quad (6\text{-}13)$$

式中，i 表示第 i 个县（市、区），t 表示年份。E_{it}、L_{it}、S_{it} 分别表示经济发展指数、公共服务指数和环境保护指数。$TRAN_{it}$ 表示转移支付规模。X_{it} 为一系列控制变量，包括人口密度、人均一般预算内财政收入、城镇化率、第三产业增加值占比及投资率。ε_{it} 是残差估计值。为了缓解异方差现象，提高方程的估计效果，本书将所有变量进行对数处理。

根据联立方程组(6-13)中的系数 α_1 和 β_1，可以判断经济发展和公共服务供给之间的相互影响效应；根据系数 α_2 和 γ_1，可以判断经济发展和环境保护之间的相互影响效应；根据系数 β_2 和 γ_2，可以判断公共服务供给和环境保护之间的相互影响效应。由于本节涉及的所有变量均在前文出现过，因此，对于变量说明和数据来源这里不再重复赘述。

6.4.2　实证检验及结果分析

在对联立方程组（6-13）进行回归估计之前，运用阶条件和秩条件确定联立方程组（6-13）中 3 个方程的识别状态，结果发现 3 个方程均为过度识别。因此，本书运用三阶段最小二乘法（3SLS）对联立方程组（6-13）进行估计，结果如表 6-13 所示。

表 6-13 联立方程组估计结果

变量	ln（E）$_{it}$	ln（L）$_{it}$	ln（S）$_{it}$
ln（E）$_{it}$	—	0.0470***	0.0449***
		(2.8900)	(12.5700)
ln（L）$_{it}$	0.0996***	—	-0.0414*
	(2.9900)		(-1.7800)
ln（S）$_{it}$	0.0211***	-0.0155**	—
	(12.5700)	(-2.0200)	
ln（TRAN）$_{it}$	0.4298***	0.7592***	0.1941***
	(11.8800)	(6.7600)	(16.6700)
ln（PD）$_{it}$	0.0907***	-0.3616	-0.0411***
	(8.7200)	(-0.7300)	(-24.5700)
ln（SGF）$_{it}$	0.0115***	0.0445	0.0525***
	(7.3300)	(0.6900)	(15.3600)
ln（UR）$_{it}$	0.0039***	-0.0177*	-0.0017***
	(9.7900)	(-1.8900)	(-9.15)
ln（PVTI）$_{it}$	-0.4291***	0.1779*	0.1943***
	(-9.4800)	(1.7800)	(19.9200)
ln（IR）$_{it}$	0.0858***	0.0445***	0.0381***
	(3.4400)	(3.1000)	(2.8900)
常数项	-0.2030***	0.8162***	0.0926***
	(-3.6600)	(2.7103)	(4.4900)
R^2	0.9954	0.7008	0.9991

注：***、**、*分别表示在1%、5%、10%的水平上显著，括号内为T统计值。

从估计结果可以看出，经济发展和公共服务供给之间、经济发展和环境保护之间、公共服务供给和环境保护之间均存在显著的相互影响效应。其中，经济发展和公共服务供给之间存在显著的相互促进关系，公共服务指数每增长1%，将促进经济发展指数增长0.0996%；经济发展指数每增长1%，将促进公共服务指数增长0.0470%。经济发展和环境保护之间存在显著的相互促进关系，环境保护指数每增长1%，将促进经济发展指数增长0.0211%；经济发展指数每增长1%，将促进环境保护指数增长 0.0449%。公共服务供给和环境保护之间存在显著的相互抑制关系：环境保护指数每增长 1%，将导致公共服务指数降低 0.0155%；公共服务指数每增长 1% 将导致环境保护指数降低 0.0414%。

对于其他变量来说，重点生态功能区转移支付规模对经济发展、公共服务供给和环境保护均具有显著的正向影响，转移支付规模每增长 1%，分别促进经济发展指数、公共服务指数和环境保护指数增加 0.4298%、0.7592% 和 0.1941%。人口密度对经济发展具有显著的正向影响，对公共服务供给的影响没有通过显著性检验，对环境保护具有显著的负向影响。人均一般预算内财政收入对经济发展和环境保护均具有显著的正向影响，对公共服务供给的影响没有通过显著性检验。城镇化率对公共服务供给和环境保护具有显著的负向影响，对经济发展具有显著的正向影响。第三产业增加值占比对公共服务供给和环境保护均具有显著的正向影响，对经济发展具有显著的负向影响。投资率对经济发展、公共服务供给和环境保护均具有显著的正向影响。

6.5 本章小结

在第 3 章理论分析的基础上，本章分别运用 2001～2018 年 80 个县（市、区）的面板数据和 2009～2018 年 60 个享受重点生态功能区转移支付县（市、区）的面板数据实证检验了重点生态功能区转移支付政策和规模对经济发展指数、公共服务指数和环境保护指数的影响，并构建联立回归模型实证检验了各维度之间产生的交互影响效应及其与重点生态功能区转移支付的关系。本章得到如下研究结论：

第一，重点生态功能区转移支付政策在 1% 的显著性水平上使经济发展指数增长了 1.49%，说明重点生态功能区转移支付政策对经济发展指数的影响显著为正。从动态影响效应来看，该政策对经济发展指数的影响存在 1 年的滞后期，但具有连续性，并且政策实施时间越长，政策效应越明显。

第二，经济发展指数与重点生态功能区转移支付规模呈倒"U"形关系，说明重点生态功能区转移支付规模对经济发展指数的影响是非线性的，转移支付规模在一定范围内对经济发展指数具有促进作用，超过一定范围后，转移支付规模的增加反而会抑制经济发展效果的提升。在控制变量中，人均一般预算内财政收入、城镇化率和投资率对经济发展指数具有显著的正向影响。第三产业增加值占比对经济发展指数具有显著的负向影响。

根据第一条和第二条结论，研究假说 2 得到验证。

第三，重点生态功能区转移支付政策在 1% 的显著性水平上使公共服务指数增长了 1.04%，说明重点生态功能区转移支付政策对公共服务指数的影响显著为正。从动态影响效应来看，重点生态功能区转移支付政策在实施当年及实施后 3 年对公共服务指数具有显著的促进作用，再往后，该政策对公共服务指数的促进作用不再显著，说明重点生态功能区转移支付政策对公共服务供给的影响存在时效性，长期后会变得不显著。

第四，重点生态功能区转移支付规模对公共服务指数有显著的正向线性作用，转移支付规模越大，公共服务供给水平越高。在控制变量中，人均一般预算内财政收入和投资率对公共服务指数均具有显著的正向影响，表明随着投资率的增加，经济发展水平得到提高，地方政府自有财力得以增强，拥有更多的财力和经济自主权安排本地公共事务，从而增加公共服务供给。第三产业增加值占比对公共服务指数的影响也显著为正，说明第三产业的发展有利于推动公共服务事业的发展。

根据第三条和第四条结论，研究假说 3 得到验证。

第五，重点生态功能区转移支付政策在 1% 的显著性水平上使环境保护指数增长了 0.77%，说明重点生态功能区转移支付政策对环境保护指数的影响显著为正。从动态影响效应来看，重点生态功能区转移支付政策对环境保护指数的影响具有连续性，并且政策实施时间越长，政策效应越明显。

第六，重点生态功能区转移支付规模对环境保护指数具有显著的正向线性作用，转移支付规模越大，环境保护效果越好。控制变量中，人均一般预算内财政收入、第三产业增加值占比和投资率对环境保护指数具有显著的正向影响，人口密度对环境保护指数具有显著的负向影响。

根据第五条和第六条结论，研究假说4得到部分验证。

第七，经济发展和公共服务供给之间、经济发展和环境保护之间、公共服务供给和环境保护之间均存在显著的交互影响效应。其中，经济发展和公共服务供给之间存在显著的相互促进关系；经济发展和环境保护之间存在显著的相互促进关系；公共服务供给和环境保护之间存在显著的相互抑制关系。

根据第七条结论，研究假说5得到验证。

第**7**章
研究结论、政策建议与研究展望

7.1 研究结论

本书首先对重点生态功能区转移支付与绿色可持续发展相关问题的已有研究进行归纳分析，探讨了现有研究的不足及可以进一步扩展的研究空间；其次从经济发展、公共服务供给和环境保护三个维度探讨了重点生态功能区转移支付对绿色可持续发展的作用机理；再次从这三个维度构建绿色可持续发展指标体系，选择变异系数法和熵权法对江西省 80 个县（市、区）2001～2018 年的绿色可持续发展指数及各分维度指数进行了测算，并分析它们的时空差异；最后分别运用多期双重差分模型、面板数据模型实证检验重点生态功能区转移支付政策和规模对绿色可持续发展指数及各分维度指数的影响，并构建联立方程检验各维度之间的交互影响效应。本书得到以下主要结论：

（1）重点生态功能区转移支付通过影响经济发展、公共服务供给和环境保护，从经济、社会和环境三个维度共同影响绿色可持续发展。具体影响机理如下：地方政府享受转移支付后，通过直接补贴低收入居民和发展生态产业等方式促进经济发展；通过增加社会支出，提高公共服务供给水平；通过增加环境保护支出，加强环境治理，以及通过加大工业生产监管、优化产业结构，减少污染物的产生，从而实现改善生态环境的目的；经济发展、公共服务供给和环境保护之间会相互作用、相互影响。

（2）江西省绿色可持续发展指数总体上升，但区域差异明显。从动态变化特征来看，2001~2018 年，江西省绿色可持续发展指数和三个分维度指数总体均呈波动上升态势。其中，绿色可持续发展指数的上升幅度为 75.99%，经济发展指数的上升幅度高达 187.05%，公共服务指数和环境保护指数的上升幅度分别为 44.05% 和 34.07%，由此可见，各分维度指数的上升共同导致了绿色可持续发展指数的上升，而经济发展指数的上升是最主要的原因。从空间演变特征来看，2001~2018 年，江西省绿色可持续发展指数的整体水平提高，没有表现出收敛特征；部分县（市、区）的经济发展指数、公共服务指数提升较快，导致各县（市、区）经济发展指数、公共服务指数差距变大，分散程度增加；各县（市、区）环境保护指数的集中程度的增加。从长期演化趋势来看，各县（市、区）绿色可持续发展指数及各分维度指数的流动性均相对较低，区域差异将会持续存在，短期内不会实现均衡发展。

（3）重点生态功能区转移支付政策和规模均对绿色可持续发展指数具有显著的正向影响。重点生态功能区转移支付政策在 1% 的显著性水平上使绿色可持续发展指数增长了 1.19%，说明重点生态功能区转移支付政策对绿色可持续发展指数的影响显著为正。从动态影响效应来看，该效应存在持续性，政策实施时间越长，政策效应越明显。重点生态功能区转移支付规模对绿色可持续发展指数影响的回归系数显著为正，而转移支付规模二次项的系数没有通过显著性检验，说明重点生态功能区转移支付规模对绿色可持续发展指数有显著的正向线性作用，转移支付规模越大，绿色可持续发展水平越高。

（4）重点生态功能区转移支付政策对经济发展指数具有显著的正向影响，转移支付规模对经济发展指数的影响是非线性的。重点生态功能区转移支付政策在 1% 的显著性水平上使经济发展指数增长了 1.49%，说明重点生态功能区转移支付政策对经济发展指数具有显著的正向影响。从动态影响效应来看，该政策对经济发展指数的影响存在 1 年的滞后期，但具有连续性，并且政策实施时间越长，政策效应越明显。经济发展指数与重点生态功能区转移支付规模呈倒"U"形关系，说明重点生态功能区转移支付规模对经济发展指数的影响是非线性的，转移支付规模在一定范围内对经济发展指数具有促进作用，超过一定范围后，转移支付规模的增加反而会抑制经济发展效果的提升。在控制变量中，人均一般预算内财政收入、城镇化率和投资率对经济发展指数具有显著的正向影响。第三产业增加值占比对经济发展指数具有显著的负向影响。

（5）重点生态功能区转移支付政策和规模均对公共服务指数具有显著的正向影响。重点生态功能区转移支付政策在 1%的显著性水平上使公共服务指数增长了 1.04%，说明重点生态功能区转移支付政策对公共服务指数的影响显著为正。从动态影响效应来看，重点生态功能区转移支付政策在实施当年及实施后 3 年内对公共服务指数具有显著的促进作用，三年后，该政策对公共服务指数的促进作用不再显著，说明重点生态功能区转移支付政策对公共服务供给的影响存在时效性，长期来看会变得不显著。重点生态功能区转移支付规模对公共服务供给有显著的正向线性作用，转移支付规模越大，公共服务供给水平越高。

（6）重点生态功能区转移支付政策对环境保护指数的影响显著为正，重点生态功能区转移支付只有达到一定规模时，才会发挥对生态环境的改善作用。重点生态功能区转移支付政策在 1%的显著性水平上使环境保护指数增长了 0.77%，说明重点生态功能区转移支付政策对环境保护指数的影响显著为正。从动态影响效应来看，重点生态功能区转移支付政策对环境保护指数的影响具有连续性，并且政策实施时间越长，政策效应越明显。重点生态功能区转移支付规模对环境保护指数具有显著的正向线性作用，转移支付规模越大，环境保护效果越好。在控制变量中，人均一般预算内财政收入、第三产业增加值占比和投资率对环境保护指数具有显著的正向影响，人口密度对环境保护指数具有显著的负向影响。

（7）经济发展、公共服务供给和环境保护之间存在交互影响效应。经济发展和公共服务供给之间、经济发展和环境保护之间、公共服务供给和环境保护之间均存在显著的交互影响效应。其中，经济发展和公共服务供给之间存在显著的相互促进关系；经济发展和环境保护之间存在显著的相互促进关系；公共服务供给和环境保护之间存在显著的相互抑制关系。

7.2 政策建议

针对研究结论，本书提出以下政策建议：

第一，支持重点生态功能区转移支付政策长期实施。实证结果表明，重点生态功能区转移支付政策能有效促进绿色可持续发展指数提升，并且政策实施时间越长，促进效果越明显。为了在提供生态产品的功能定位下提高重点生态功能区的经济发展水平和居民收入水平，缩小重点生态功能区与其他地区的经济差距，实现经济可持续发展和生态产品可持续供应，国家应该支持重点生态功能区转移支付政策长期实施。

第二，适度扩大重点生态功能区转移支付补助力度和补助范围。实证结果显示，重点生态功能区转移支付政策对绿色可持续发展指数具有正向促进作用，并且转移支付规模越大，绿色可持续发展指数越高。因此，为了激励地方政府实施绿色可持续发展，促进经济和环境协调发展，应该在合理范围内，适度扩大重点生态功能区转移支付补助力度。由于我国生态资源丰富、经济欠发达的地区较多，不仅限于重点生态功能区，为了促进经济和环境协同发展，实现绿色可持续发展，应该继续适当扩大转移支付补助范围。

第三，完善对转移支付资金的监督考核及激励约束机制。不同地区的地理位置和生态环境差异较大，在保护生态环境、发展生态产业时，所需付出的成本与取得的收益差异很大。生态环境越恶劣的地区，生态修复成本越高，生态产业发展难度越大。因此，有必要将生态环境保护和经济发展投入的增长率指标纳入新的监督考核机制。另外，应该在重点生态功能区转移支付制度的激励约束机制中加大对进行环境保护和生态经济发展的地方政府的奖赏力度，以及对不进行环境保护和生态经济发展的地方政府的惩罚力度。

第四，规范转移支付资金的使用用途。从重点生态功能区转移支付的属性来看，重点生态功能区转移支付属于大口径的均衡性转移支付，中央政府不规定资金的具体用途，地方政府在使用上有较大的自主性。由于享受重点生态功能区转移支付的县（市、区）具有生态资源丰富但经济欠发达的特性，地方政府的基本公共服务保障能力较弱，地方政府可能会优先选择发展经济和完善公共服务设施，导致部分地方政府在重点生态功能区转移支付资金的使用上偏向于发展经济和改善民生，而不是环境保护。因此，短期内可以通过设置最低环境保护支出比例的方式督促地方政府进行环境保护。由于经济发展和公共服务、经济发展和环境保护之间均存在正向影响，而且从长期来看，许多国际经验表明，在法律法规完善、政策激励导向明确、环保责任落实的前提下，不设置资金用途比例更加有利于地方政府结合当地实际情况实施生态环境保护和改善民生（谢恺，2018）。因此，长期内更应该完善法律法规，明确政策激励导向，落实环保责任，不设置资金使用用途，由地方政府根据实际情况自由支配。

第五，有机结合其他转移支付，合力促进绿色可持续发展。实证结果显示，重点生态功能区转移支付政策对公共服务供给的促进作用存在时效性，长期后会变得不显著。因此，区域公共服务水平的提高不仅能依靠重点生态功能区转移支付政策，还可以考虑整合其他一般性转移支付资金，共同促进公共服务水平稳定提高。一般性转移支付不限定资金的具体用途，地方政府可以根据当地的发展需要，自由支配资金用途。一般性转移支付的目的主要是实现地区间的财政均衡，缩小地区间的经济发展差距，促进基本公共服务均等化。对于生态保护与修复，除了重点生态功能区转移支付外，还有很多专项转移支付，比如林业生态保护恢复资金、天然林保护工程财政资金、林业补助资金、退耕还林（草）工程财政专项资金及大气污染防治资金等。上述这些专项转移支付资金种类繁多，用途划分并不是十分明确，会出现补偿对象交叉重叠或遗漏的现象，不利于全面提高环境质量，降低了资金使用效益。地方政府应该整合这些专项转移支付资金，并与重点生态功能区转移支付进行衔接，提高资金使用效益，促进生态产品供应力度。

第六，建立以项目合作、劳务输出为主要途径的横向生态补偿机制。我国重点生态功能区转移支付制度主要是中央对地方的纵向转移支付，尚未有横向转移支付制度。本书发现，重点生态功能区转移支付超过一定规模后，继续增加转移支付反而会抑制经济发展。生态产品和生态服务属于公共产品，具有正外部性，生产成本应该由所有受益者共同承担。因此，可以建立以项目合作、劳务输出为主要途径的横向生态补偿机制，作为纵向转移支付的补充，体现"谁保护谁收益，谁污染谁补偿"的原则，有利于带动当地居民就业和经济增长。

第七，立足生态优势和资源禀赋，发展特色生态产业。本书研究发现，经济发展和环境保护之间存在相互促进关系。重点生态功能区和经济欠发达地区重叠，为了防止重点生态功能区陷入"贫困陷阱"，实现可持续脱贫，需要当地大力发展特色生态产业，通过发展生态产业来反哺环境保护与民生建设，实现经济发展和环境保护协同发展。江西省是我国生态文明试验区，也是革命老区，具有丰富的自然和人文资源，应大力发展生态农业、生态工业和生态旅游业，促进环境保护和经济发展协同发展。

发展生态农业。尽管江西省已有的一些农业龙头企业对推动生态农业发展产生了积极影响，但从整体来看，数量偏少，辐射带动能力较弱。政府应该继续培育大规模的龙头企业，扶持一批具有上市潜力的农业企业在新三板挂牌上市，并且立足于生态资源的分布特点，对生态农业的发展做出科学的空间布局，促进省内农业产业优势互补和规模化经营。另外，为了促进生态农业产业化经营，还应该建立一批集优质农产品种植、生产、加工于一体的生态农产品基地，推动生态农业集群式发展。

发展生态工业。江西省生态工业的发展主要以生态工业园区为载体（王明，

2013）。江西省应该继续完善生态工业园区建设，推动生态工业发展。首先，应该提高生态工业园区内企业的集聚水平，重点推行特色化产业集聚，避免出现同质化现象。其次，对生态工业园区内部基础设施建设进行完善，提高绿化率，促进生态化建设。最后，加大政策扶持力度，制定符合生态化标准的工业园区考核机制以及相关激励制度。

发展生态旅游业。江西省生态资源丰富，又是革命老区，应当大力发展生态旅游业，加大对井冈山、庐山、鄱阳湖等自然风景区的宣传力度，充分挖掘南昌八一起义纪念馆、八一广场等红色旅游资源，依托红色文化，打造生态家园，提高旅游线路质量，增加对游客的吸引力。

7.3　研究展望

本书利用理论分析和实证研究两种方法，深入研究了重点生态功能区转移支付对绿色可持续发展的影响，主要对江西省各县（市、区）的宏观情况进行了研究，如果后续能从微观视角展开深入研究，将会对实践更具有意义的指导。同时，本书认为，后续在研究重点生态功能区转移支付对绿色可持续发展的影响时，还可以从以下几个方面入手：

（1）以全国享受重点生态功能区转移支付的县（市、区、旗）为例，对比分析东、中、西部重点生态功能区转移支付对绿色可持续发展的影响差异，探究区位因素是否对研究结果产生影响。

（2）本书从经济、社会、环境三个维度分析了重点生态功能区转移支付对绿色可持续发展的作用机理，但实证部分由于县域研究数据的不可获得性，未能对作用路径进行实证检验。后续如果有条件成熟，作者将继续对作用路径进行实证检验。

（3）本书在分析重点生态功能区转移支付对绿色可持续发展的影响时，囿于数据的可获得性，没有考虑区域生态修复、环境保护和生态产品开发的难易程度对回归结果的影响。由于不同区域的生态修复和环境保护的难易程度和生态产品开发的难易程度不同，同样的转移支付力度导致的绿色可持续发展水平也就不同。因此，在今后的研究中，可以进一步探究重点生态功能区转移支付的实施效果是否受生态修复和环境保护的难易程度以及生态产品开发的难易程度的影响。

参考文献

［1］安体富，任强．公共服务均等化：理论、问题与对策［J］．第一资源，2009（2）：28-41.

［2］白景明．站位区域协调发展完善生态保护转移支付制度［J］．中国财政，2018（2）：15-16.

［3］白雪梅，赵茹．国内外可持续发展研究综述［J］．合作经济与科技，2018（4）：27-29.

［4］边雷，张焕祯，董常青，等．可持续发展评价指标体系研究现状与展望［J］．河北工业科技，2006（6）：385-388.

［5］曹鸿杰，卢洪友，祁毓．分权对国家重点生态功能区转移支付政策效果的影响研究［J］．财经论丛，2020（5）：21-31.

［6］曹辉．基于熵权灰色关联模型的陕西省可持续发展能力探究［J］．科技进步与对策，2014，31（9）：51-55.

［7］曹志文．财政支出政策的生态保护效应研究［D］．江西财经大学博士学位论文，2019.

［8］曾鹏，毕超．中国十大城市群可持续发展能力比较研究［J］．华东经济管理，2015，29（5）：63-68.

［9］常修泽．中国现阶段基本公共服务均等化研究［J］．中共天津市委党校学报，2007（2）：66-71.

［10］陈丁楷，石龙宇，李宇亮，等．城市可持续发展能力评价系统设计与

实现 [J] . 环境科学与技术, 2015, 38 (S1): 508-513.

[11] 陈红光, 李晓宁, 李晨洋 . 基于变异系数熵权法的水资源系统恢复力评价——以黑龙江省 2007—2016 年水资源情况为例 [J] . 生态经济, 2021, 37 (1): 179-184.

[12] 陈梦雨, 袁新尚, 王萌 . 重点生态功能区转移支付制度的不足和完善 [J] . 中国环境管理干部学院学报, 2014, 24 (6): 19-21, 83.

[13] 陈颂东 . 工业化的阶段性与工业反哺农业 [J] . 西部论坛, 2015, 25 (4): 1-10.

[14] 杜盼 . 陕西省地市转移支付对基本公共服务供给的影响 [J] . 金融经济, 2017 (2): 97-100.

[15] 段晓红 . 促进公共服务均等化: 均衡性转移支付抑或专项性一般转移支付——基于民族地区的实证分析 [J] . 中南民族大学学报 (人文社会科学版), 2016, 36 (4): 135-140.

[16] 范柏乃, 邓峰, 马庆国 . 可持续发展理论综述 [J] . 浙江社会科学, 1998 (2): 41-45, 57.

[17] 范洪敏 . 环境规制对绿色全要素生产率影响研究——基于 "两控区" 政策考察 [D] . 沈阳: 辽宁大学博士学位论文, 2018.

[18] 范金, 周忠民, 包振强 . 生态资本研究综述 [J] . 预测, 2000 (5): 30-35.

[19] 耿申 . 财政分权、政府公共支出与居民消费 [J] . 统计学报, 2020, 1 (3): 14-27.

[20] 郭存芝, 凌亢, 白先春, 等 . 城市可持续发展能力及其影响因素的实证 [J] . 中国人口·资源与环境, 2010, 20 (3): 143-148.

[21] 郭存芝, 罗琳琳, 叶明 . 资源型城市可持续发展影响因素的实证分析 [J] . 中国人口·资源与环境, 2014, 24 (8): 81-89.

[22] 郭存芝, 彭泽怡, 丁继强 . 可持续发展综合评价的 DEA 指标构建

[J]．中国人口·资源与环境，2016，26（3）：9-17.

[23] 郭慧文，严力蛟．城市发展指数和生态足迹在直辖市可持续发展评估中的应用 [J]．生态学报，2016，36（14）：4288-4297.

[24] 郭世芹，邹杰．城镇化和转移支付对民生性公共服务的影响 [J]．统计与决策，2018，34（6）：106-108.

[25] 郭世芹．基于新型城镇化质量的财政转移支付研究 [D]．西南交通大学博士学位论文，2018.

[26] 韩海彬，李谷成，何岸．中国农业增长质量的时空特征与动态演进：2000—2015 [J]．广东财经大学学报，2017，32（6）：95-105.

[27] 何立环，刘海江，李宝林，等．国家重点生态功能区县域生态环境质量考核评价指标体系设计与应用实践 [J]．环境保护，2014，42（12）：42-45.

[28] 胡晓琳．中国省际环境全要素生产率测算、收敛及其影响因素研究 [D]．南昌：江西财经大学博士学位论文，2016.

[29] 黄思铭，欧晓昆，杨树华，等．云南可持续发展指标体系研究 [J]．中国软科学，1999（2）：94-97.

[30] 黄天航，胡潇月，陈劭锋，等．"一带一路"沿线国家可持续发展水平评价及其影响因素——基于 Super-SBM 模型和 Tobit 模型的实证 [J]．中国人口·资源与环境，2020，30（12）：27-37.

[31] 黄羿，杨蕾，王小兴，等．城市绿色发展评价指标体系研究——以广州市为例 [J]．科技管理研究，2012，32（17）：55-59.

[32] 黄渊基．乡村振兴背景下的中国旅游减贫：问题与对策 [J]．贵州师范大学学报（社会科学版），2020（2）：26-39.

[33] 霍丽莉．雄安新区及周边地区可持续发展能力统计研究 [D]．河北大学硕士学位论文，2021.

[34] 江明融．公共服务均等化论略 [J]．中南财经政法大学学报，2006（3）：43-47.

［35］焦士兴，张崇崇，王安周，等．河南省绿色发展水平综合测度与时空演化研究［J］．安全与环境学报，2019，19（6）：2192-2200.

［36］解垩．公共转移支付对再分配及贫困的影响研究［J］．经济研究，2017（9）：103-116.

［37］金贵，胡毅航，陈碧园．长江经济带市域尺度减贫成效测度及其时空演替［J］．地理科学进展，2020，39（6）：972-981.

［38］孔德帅，李铭硕，靳乐山．国家重点生态功能区转移支付的考核激励机制研究［J］．经济问题探索，2017（7）：81-87.

［39］黎元生．生态产业化经营与生态产品价值实现［J］．中国特色社会主义研究，2018（4）：84-90.

［40］李博，乔慧玲，杨子涵．环渤海地区资源型城市可持续发展能力评价研究［J］．湖北师范大学学报（哲学社会科学版），2019，39（6）：72-83.

［41］李锋，刘旭升，胡聃，等．城市可持续发展评价方法及其应用［J］．生态学报，2007（11）：4793-4802.

［42］李国平，李潇，汪海洲．国家重点生态功能区转移支付的生态补偿效果分析［J］．当代经济科学，2013，35（5）：58-64，126.

［43］李国平，李潇．国家重点生态功能区转移支付资金分配机制研究［J］．中国人口·资源与环境，2014，24（5）：124-130.

［44］李国平，刘倩，张文彬．国家重点生态功能区转移支付与县域生态环境质量——基于陕西省县级数据的实证研究［J］．西安交通大学学报（社会科学版），2014，34（2）：27-31.

［45］李林子，李小敏，孙启宏，等．国内外绿色发展评价研究述评［J］．生态经济，2021，37（8）：41-48.

［46］李盛基，吕康银，朱金霞．财政支出、经济增长与农村贫困——基于1990—2008年时间序列数据的实证分析［J］．东北师范大学学报（哲学社会科学版），2014（3）：100-104.

［47］李天星. 国内外可持续发展指标体系研究进展［J］. 生态环境学报, 2013, 22 (6)：1085-1092.

［48］李文杰, 唐伯明, 杨胜发, 等. 长江上游黄金航道生态可持续发展评价［J］. 重庆交通大学学报（自然科学版）, 2021, 40 (10)：7-13.

［49］刘桂环, 文一惠, 谢婧, 等. 国家重点生态功能区转移支付政策演进及完善建议［J］. 环境保护, 2020, 48 (17)：9-14.

［50］刘国, 许模, 于静. 可持续发展评价指标体系研究评述［J］. 成都理工大学学报（社会科学版）, 2007 (3)：29-33.

［51］刘海, 殷杰, 陈晶, 等. 基于生态足迹的江西省可持续发展评价［J］. 测绘科学, 2017, 42 (5)：62-69.

［52］刘炯. 生态转移支付对地方政府环境治理的激励效应——基于东部六省 46 个地级市的经验证据［J］. 财经研究, 2015, 41 (2)：54-65.

［53］刘瑞明, 赵仁杰. 西部大开发：增长驱动还是政策陷阱——基于PSM-DID 方法的研究［J］. 中国工业经济, 2015 (6)：32-43.

［54］刘翔, 曹裕. 两型社会视角下的区域协调发展评价研究——基于长株潭城市群的实证分析［J］. 科技进步与对策, 2011, 28 (6)：108-113.

［55］刘政磐. 论我国生态功能区转移支付制度［J］. 环境保护, 2014, 42 (12)：40-41.

［56］刘志刚, 谭丽荣. 济南市可持续发展状况评价研究［J］. 资源开发与市场, 2007 (11)：989-991.

［57］卢洪友, 祁毓. 生态功能区转移支付制度与激励约束机制重构［J］. 环境保护, 2014, 42 (12)：34-36.

［58］卢盛峰, 卢洪友. 政府救助能够帮助低收入群体走出贫困吗？——基于1989—2009 年 CHNS 数据的实证研究［J］. 财经研究, 2013, 39 (1)：4-16.

［59］卢现祥, 徐俊武. 公共政策、减贫与有利于穷人的经济增长——基于1995—2006 年中国各省转移支付的分析［J］. 制度经济学研究, 2009, 7 (2)：

112-125.

［60］鲁洋，沈宜菁，黄素珍，等．基于生态足迹理论的休宁县可持续发展评价研究［J］．复旦大学学报（自然科学版），2019，58（6）：756-764.

［61］吕炜，王伟同．我国基本公共服务提供均等化问题研究——基于公共需求与政府能力视角的分析［J］．财政研究，2008（5）：10-18.

［62］马本，孙艺丹，刘海江，等．国家重点生态功能区转移支付的政策演进、激励约束与效果分析［J］．环境与可持续发展，2020，45（4）：42-50.

［63］马骍．"一带一路"沿线国家环境全要素生产率动态评价及绿色发展的国别差异——基于 DEA-Malmquist 指数的实证研究［J］．河南大学学报（社会科学版），2019，59（2）：17-25.

［64］马延吉，艾小平．基于2030年可持续发展目标的吉林省城镇化可持续发展评价［J］．地理科学，2019，39（3）：487-495.

［65］马志帅，许建．安徽省绿色发展水平评价体系初步研究［J］．安徽农业大学学报，2019，46（2）：300-306.

［66］毛捷，汪德华，白重恩．民族地区转移支付、公共支出差异与经济发展差距［J］．经济研究，2011，46（S2）：75-87.

［67］缪小林，赵一心．生态功能区转移支付对生态环境改善的影响：资金补偿还是制度激励？［J］．财政研究，2019（5）：17-32.

［68］牛文元．可持续发展的能力建设［J］．中国科学院院刊，2006（1）：7-13.

［69］欧阳志云，赵娟娟，桂振华，等．中国城市的绿色发展评价［J］．中国人口·资源与环境，2009，19（5）：11-15.

［70］潘丹．考虑资源环境因素的中国农业生产率研究［D］．南京农业大学博士学位论文，2012.

［71］庞笑笑，王荣成，王文刚．基于能值分析的山区县域经济可持续发展评价——以吉林省抚松县为例［J］．资源开发与市场，2012，28（8）：681-685.

［72］戚红年，方遥，王维，等．长江经济带可持续发展能力综合评价及其影响因素［J］．环境与发展，2020，32（3）：1-8.

［73］祁毓，陈怡心，李万新．生态转移支付理论研究进展及国内外实践模式［J］．国外社会科学，2017（5）：45-54.

［74］綦良群，任贵生．区域经济可持续发展主要影响因素［J］．哈尔滨理工大学学报，2000（1）：111-114.

［75］乔俊峰，陈荣汾．转移支付结构对基本公共服务均等化的影响——基于国家级贫困县划分的断点分析［J］．经济学家，2019（10）：84-92.

［76］乔瑞，董锋，安泰龙．黄河流域绿色发展水平评价及障碍因素分析［J］．统计与决策，2021，37（23）：72-76.

［77］乔旭宁，杨娅琳，杨永菊，等．基于DPSIR模型与Theil系数的河南省可持续发展评价［J］．地域研究与开发，2017，36（1）：18-22，28.

［78］秦国伟，卫夏青，朱凤琴，等．农村区域可持续发展水平评价模型及实证分析——以安徽省为例［J］．生态经济，2016，32（6）：123-128.

［79］齐宝库，李长福．基于熵值法的建筑业可持续发展评价实证研究——以辽宁省为例［J］．科技管理研究，2014，34（5）：69-73.

［80］邱云峰，秦其明，曹宝，等．基于GIS的中国沿海省份可持续发展评价研究［J］．中国人口·资源与环境，2007，17（2）：69-72.

［81］任杰．大兴区可持续发展：指标体系分析与评价研究［D］．北京：中国地质大学硕士学位论文，2006.

［82］山东省财政科学研究所课题组，肖东平．山东省城乡公共服务体系建设的财政政策研究［J］．经济研究参考，2012（49）：60-76.

［83］山东省财政科学研究所课题组．促进基本公共服务均等化的财政政策研究［J］．财会研究，2008（10）：6-10.

［84］尚静，张和清．贫困、环境退化与绿色减贫——一个华南村庄的社会工作实践案例研究［J］．开放时代，2020（6）：7+61-76.

［85］邵超峰，陈思含，高俊丽，等．基于 SDGs 的中国可持续发展评价指标体系设计［J］．中国人口·资源与环境，2021，31（4）：1-12.

［86］石风光．基于全要素生产率视角的中国省际经济差距研究［D］．南京航空航天大学博士学位论文，2010.

［87］史习习，杨力．黄河流域 2008—2018 年可持续发展评价与系统协调发展分析［J］．水土保持通报，2021，41（4）：260-267.

［88］宋小宁，陈斌，梁若冰．一般性转移支付：能否促进基本公共服务供给？［J］．数量经济技术经济研究，2012，29（7）：33-43+133.

［89］孙冬煜，王震声，何旭东，等．自然资本与环境投资的涵义［J］．环境保护，1999（5）：38-40.

［90］孙晓，刘旭升，李锋，等．中国不同规模城市可持续发展综合评价［J］．生态学报，2016，36（17）：5590-5600.

［91］孙亚南．长江经济带核心城市可持续发展能力评价［J］．南京社会科学，2016（8）：151-156.

［92］田嘉莉，赵昭．国家重点生态功能区转移支付政策的环境效应——基于政府行为视角［J］．中南民族大学学报（人文社会科学版），2020，40（2）：121-125.

［93］田侃，亓寿伟．转移支付、财政分权对公共服务供给的影响——基于公共服务分布和区域差异的视角［J］．财贸经济，2013（4）：29-38.

［94］汪昊，娄峰．中国财政再分配效应测算［J］．经济研究，2017，52（1）：103-118.

［95］汪克亮，严慧斌，孟祥瑞．煤炭资源型城市可持续发展能力评价研究——基于熵权因子分析法［J］．工业技术经济，2013，43（12）：108-117.

［96］汪三贵．中国 40 年大规模减贫：推动力量与制度基础［J］．中国人民大学学报，2018，32（6）：1-11.

［97］王丽萍，夏文静．基于生态足迹理论的中部六省可持续发展评价研究

［J］．环境保护，2018，46（10）：38-43．

［98］王明．鄱阳湖生态经济区的生态产业发展分析［J］．旅游纵览（下半月），2013（16）：132．

［99］王伟中，中国 21 世纪议程管理中心，中国科学院地理科学与资源研究所．可持续发展指标体系的理论与实践［M］．北京：社会科学文献出版社，2004．

［100］王晓云，张雪梅．城市可持续发展能力评价——基于三维空间结构模型［J］．国土与自然资源研究，2014（1）：4-6．

［101］王肖波，徐中民．改进 IPAT 等式的可持续性评价应用——以张掖市为例［J］．冰川冻土，2018，40（5）：1056-1064．

［102］王子行，李凯伦．中国地方财政支出减贫效应的实证研究［J］．河北地质大学学报，2020，43（5）：112-117．

［103］王晓云，张小鹿，吴婷．贫困治理视角下的中国绿色减贫问题［J］．未来与发展，2019，43（5）：30-34．

［104］向鹏成，罗莉华．长株潭城市群可持续发展综合测度研究［J］．世界科技研究与发展，2015，37（4）：410-415，436．

［105］肖建华，李雅丽．财政转移支付对我国农村家庭的减贫效应［J］．中南财经政法大学学报，2021（1）：58-66．

［106］谢恺．国家重点生态功能区转移支付制度研究［D］．中国财政科学研究院硕士学位论文，2018．

［107］谢颖婷，孙红梅．城市自然生态环境可持续发展水平评价——以上海与东京比较为例［J］．环境与可持续发展，2021，46（6）：162-168．

［108］徐爱燕，沈坤荣．财政支出减贫的收入效应——基于中国农村地区的分析［J］．财经科学，2017，61（1）：116-122．

［109］徐鸿翔，张文彬．国家重点生态功能区转移支付的生态保护效应研究——基于陕西省数据的实证研究［J］．中国人口·资源与环境，2017，27

（11）：141-148.

[110] 杨朝远，李培鑫．中国城市群可持续发展研究——基于理念及其评价分析 [J]．重庆大学学报（社会科学版），2018，24（3）：1-12.

[111] 杨建辉，任建兰，程钰，等．我国沿海经济区可持续发展能力综合评价 [J]．经济地理，2013，33（9）：13-18.

[112] 叶文虎，仝川．联合国可持续发展指标体系述评 [J]．中国人口·资源与环境，1997（3）：83-87.

[113] 尹恒，康琳琳，王丽娟．政府间转移支付的财力均等化效应——基于中国县级数据的研究 [J]．管理世界，2007（1）：48-55.

[114] 袁莉，蔡琨．城市群可持续发展的系统评价——以长株潭城市群为例 [J]．系统科学学报，2014，22（4）：73-76.

[115] 张婧，李强，周渊．陕西省城市可持续发展评价 [J]．中国人口·资源与环境，2013，23（S2）：448-453.

[116] 张静，任志远．陕西省城市可持续发展系统协调性评价 [J]．地域研究与开发，2016，35（4）：79-84.

[117] 张丽荣，王夏晖，侯一蕾，等．我国生物多样性保护与减贫协同发展模式探索 [J]．生物多样性，2015，23（2）：271-277.

[118] 张辽，杨成林．城市群可持续发展水平演化及其影响因素研究——来自中国十大城市群的证据 [J]．统计与信息论坛，2014，29（1）：87-93.

[119] 张鹏，徐志刚．公共转移支付的城乡减贫效应差异分析——基于多维贫困视角 [J]．地方财政研究，2020（1）：78-84.

[120] 张琦，孔梅．治理现代化视角下新时代中国绿色减贫思想研究 [J]．西安交通大学学报（社会科学版），2020，40（1）：14-20.

[121] 张琦，石新颜，顾忠锐．中国绿色减贫成效评价指数构建及测度 [J]．南京农业大学学报（社会科学版），2019，19（6）：20-28，156-157.

[122] 张文彬，李国平．国家重点生态功能区转移支付动态激励效应分析

[J]．中国人口·资源与环境，2015，25（10）：125-131.

[123] 张文彬，马艺鸣．国家重点生态功能区生态补偿监管方式分析 [J]．环境保护科学，2018，44（1）：7-13.

[124] 张翔，李金燕，郭娇．基于熵权—耦合协调度模型的水源地可持续发展能力评价 [J]．生态经济，2020，36（9）：164-168，174.

[125] 张馨．论财政监督的公共化变革 [J]．财政研究，2004（12）：2-5.

[126] 张鑫，童亚文．山西省可持续发展能力评价 [J]．合作经济与科技，2021（23）：12-15.

[127] 张旭，魏福丽，袁旭梅．中国省域高质量绿色发展水平评价与演化 [J]．经济地理，2020，40（2）：108-116.

[128] 张跃胜．国家重点生态功能区生态补偿监管研究 [J]．中国经济问题，2015（6）：87-96.

[129] 赵蔡晶，吴柏钧．智慧城市建设促进了城市发展质量提升吗？——基于多期 DID 方法的政策效应评估 [J]．经济经纬，2020，37（6）：18-27.

[130] 赵卫，刘冬，邹长新，等．国家重点生态功能区转移支付现状、问题及建议 [J]．环境保护，2019，47（18）：52-55.

[131] 赵卫，刘海江，肖颖，等．国家重点生态功能区转移支付与生态环境保护的协同性分析 [J]．生态学报，2019，39（24）：9271-9280.

[132] 赵一心．我国生态功能区转移支付的生态环境效应——基于地方政府生态保护行为激励的视角 [D]．云南财经大学硕士学位论文，2019.

[133] 赵永辉，付文林．转移支付、财力均等化与地区公共品供给 [J]．财政研究，2017（5）：13-23.

[134] 郑晓云，杜娟，苏义坤．基于改进熵权法的城市可持续发展评价——以哈尔滨市为例 [J]．土木工程与管理学报，2018，35（4）：65-71.

[135] 郑垚，孙玉栋．转移支付、地方财政自给能力与基本公共服务供给——基于省级面板数据的门槛效应分析 [J]．经济问题探索，2018（8）：

18-27.

[136] 钟春平，陈三攀，徐长生．结构变迁、要素相对价格及农户行为——农业补贴的理论模型与微观经验证据［J］．金融研究，2013（5）：167-180．

[137] 钟大能．推进国家重点生态功能区建设的财政转移支付制度困境研究［J］．西南民族大学学报（人文社会科学版），2014，35（4）：122-126．

[138] 钟正生，宋旺．我国总量转移支付的影响因素及其均等化效应［J］．经济科学，2008（4）：5-16．

[139] 朱光，李平，姜永华．专项转移支付、一般性转移支付与地方政府公共服务支出——基于专项转移支付分项数据的空间计量分析［J］．华东经济管理，2019，33（3）：145-151．

[140] 朱启贵．国内外可持续发展指标体系评论［J］．合肥联合大学学报，2000（1）：11-23．

[141] 朱润喜，王群群．地方政府非正式财权、转移支付与公共服务均等化——基于中国省际面板门槛效应分析［J］．经济问题，2017（11）：28-34．

[142] 朱卫未，王海静．区域可持续发展能力综合评估方法与应用研究：基于网络结构 DEA 模型［J］．环境科学与技术，2017，40（6）：192-200．

[143] 朱艳，陈红华．重点生态功能区转移支付改善生态环境了吗？——基于 PSM 的结果［J］．南方经济，2020（10）：125-140．

[144] Alonso W. The Economics of Urban Size［J］. Papers of the Regional Science Association, 1971, 26: 67-83.

[145] Bertinelli L, Black D. Urbanization and Growth［J］. Journal of Urban Economics, 2004, 56（1）: 80-96.

[146] Boadway R. The Theory and Practice of Equalization［J］. CESifo Economic Studies, 2004, 50（1）: 211-254.

[147] Borge L E, Brueckner J K, Rattso J. Partial Fiscal Decentralization and Demand Responsiveness of the Local Public Sector: Theory and Evidence from Norway

[J] . Journal of Urban Economics, 2014, 80: 153-163.

[148] Brown L R. Building a Sustainable Society [J] . Society, 1982, 19: 75-85.

[149] Carr E R, Kettle N P, Hoskins A. Evaluating Poverty – Environment Dynamics [J] . International Journal of Sustainable Development and World Ecology, 2009, 16 (2): 87-93.

[150] Charles Perrings, Madhav Gadgil. Conserving Biodiversity: Reconciling Local and Global Public Benefits [J] . Providing Global Public Goods, 2015: 532-556.

[151] Coetzee S, Eksteen S, Grundling C. Sustainable Development: The Contribution from GISc Education in South Africa [J] . South African Journal of Geomatics, 2013, 2 (3): 246-259.

[152] Cornelia P G. Objectives of the Circular Economy: Environmental Fiscal Policies to Ensure Sustainable Development [J] . Annals of the "Constantin Bran cusi" University of Târgn Jiu (Economy Series), 2020 (5): 216-220.

[153] Costanza R, d' Arge R, De Groot R, et al. The Value of the World's Ecosystem Services and Natural Capital [J] . Ecological Economics, 1998, 25 (1): 3-15.

[154] Dabalen A, Kilic T, Wane W. Social Transfers, Labor Supply and Poverty Reduction: The Case of Albania [R] . Policy Reserach Working Paper Series from The Work Bank, 2008.

[155] Daily G C. Developing a Scientific Basis for Managing Earth's Life Support Systems [J] . Ecology and Society, 2001, 3 (2): 45-49.

[156] Darity W A Jr, Myers S L Jr. Do Transfer Payments Keep the Poor in Poverty? [J] . American Economic Review, 1987, 77 (2): 216-222.

[157] Duraiappah A K. Poverty and Environmental Degradation: A Literature Review and Analysis [J] . World Development, 1998, 26 (12): 2169-2179.

[158] Engel S, Pagiola S, Wunder S. Designing Payments for Environmental

Services in Theory and Practice: An Overview of the Issues [J] . Ecological Economics, 2008, 65 (4): 663-674.

[159] Erdmenger C. From Business to Municipality—And Back [J] . Local Environment, 1998, 3 (3): 371-379.

[160] Ferraro P J. Asymmetric Information and Contract Design for Payments for Environmental Services [J] . Ecological Economics, 2008, 65 (4): 810-821.

[161] Gauvin C, Uchida E, Rozelle S, et al. Cost-Effectiveness of Payments for Ecosystem Services with Dual Goals of Environment and Poverty Alleviation [J] . Environmental Management, 2010, 45: 488-501.

[162] Gertler P J, Martinez S W, Rubio-Codina M. Investing Cash Transfers to Raise Long-Term Living Standards [J] . American Economic Journal: Applied Economics, 2012, 4 (1): 164-192.

[163] Giddings B, Hopwood B, O' Brien G. Environment, Economy and Society: Fitting Them Together Into Sustainable Development [J] . Sustainable Development, 2002, 10 (4): 187-196.

[164] Hardin G. The Tragedy of the Commons. The Population Problem Has no Technical Solution; It Requires a Fundamental Extension in Morality [J] . Science, 1968, 162 (3859): 1243-1248.

[165] Harris S. The Environment and Sustainable Development: An Australian Social Science Perspective [M] . Research School of Pacific Studies, Australian National University, 1993.

[166] Imai K S. Poverty, Undernutrition and Vulnerability in Rural India: Role of Rural Public Works and Food for Work Programmes [J] . International Review of Applied Economics, 2011, 25 (6): 669-691.

[167] Ingram J C, Wilkie D, Clements T, et al. Evidence of Payments for Ecosystem Services as a Mechanism for Supporting Biodiversity Conservation and Rural

Livelihoods [J]. Ecosystem Services, 2014, 7: 10-21.

[168] Jane C I, Declerck, Del Rio C R. Integrating Ecology and Poverty Reduction [M]. New York: Springer, 2012.

[169] Kappeler A, Solé-Ollé A, Stephan A, et al. Does Fiscal Decentralization Foster Regional Investment in Productive Infrastructure? [J]. European Journal of Political Economy, 2013, 31: 15-25.

[170] Kumar R, Horwitz P, Randy Milton G, et al. Assessing Wetland Ecosystem Services and Poverty Interlinkages: A General Framework and Case Study [J]. Hydrology Sciences Journal, 2011, 56 (8): 1602-1621.

[171] Kumar S, Managi S. Intergovernmental Fiscal Transfers and the Environment [M]. New York: Springer, 2009.

[172] Lélé S M. Sustainable Development: A Critical Review [J]. World Development, 1991, 19 (6): 607-621.

[173] Liu Q, Lu Y. Firm Investment and Exporting: Evidence from China's Value-added Tax Reform [J]. Journal of International Economics, 2015, 97 (2): 392-403.

[174] Ma L M, Li Y J, Hu S J. Empirical Research on Evaluation of Low-Carbon Economy Development Level in Resource-Based City [J]. Advanced Materials Research, 2014 (869/870): 1048-1051.

[175] Mulatu D W, Van de Veen A, ran Oel P R. Farm Households' Preferences for Collective and Individual Actions to Improve Water-Related Ecosystem Services: The Lake Naivasha Basin, Kenya [J]. Ecosystem Services, 2014, 7: 22-33.

[176] Ola O, Menapace L, Benjamin E, et al. Determinants of the Environmental Conservation and Poverty Alleviation Objectives of Payments for Ecosystem Services (PES) Programs [J]. Ecosystem Services, 2019, 35: 52-66.

[177] Olson M. The Logic of Collective Action: Public Goods and the Theory of

Groups [M]. Boston: Haruard University Press, 1971.

[178] Pearce D, Moran D. The Economic Value of Biodiversity [M]. London: Earthscan Publications Limited, 1994.

[179] Pigou A C. The Economics of Welfare [M]. London: Macmillian, 1962.

[180] Prud' Homme R, Lee C W. Size, Sprawl, Speed and the Efficiency of Cities [J]. Urban Studies, 1999, 36 (11): 1849-1858.

[181] Rahim S, Najaf M M. Sustainbale Develoopment Evaluation of West Azerbaijan Cities [J]. Geography, 2011, 28 (9): 7-28.

[182] Ravallion M, Lokshin M. Who Cares about Relative Deprivation? [J]. Journal of Economic Behavior and Organization, 2010, 73 (2): 171-185.

[183] Rawlings L B, Rubio G M. Evaluating the Impact of Conditional Cash Transfer Programs [J]. The World Bank Research Observer, 2005, 20 (1): 29-55.

[184] Revesz, Richard L. Federalism and Environmental Regulation: A Public Choice Analysis [J]. Harvard Law Review, 2001, 115 (2): 553-641.

[185] Ring I. Ecological Public Functions and Fiscal Equalisation at the Local Level in Germany [J]. Ecological Economics, 2002, 42 (3): 415-427.

[186] Samuelson P A. The Pure Theory of Public Expenditure [J]. The Review of Economics and Statistics, 1954, 36 (4): 387-389.

[187] Sauquet A, Marchand S, Feres J G. Ecological Fiscal Incentives and Spatial Strategic Interactions: The Case of the ICMS-E in the Brazilian State of Parana [R]. CERDI Working Paper, 2012.

[188] Schoolman E D, Ma C. Migration, Class and Environmental Inequality: Exposure to Pollution in China's Jiangsu Province [J]. Ecological Economics, 2012, 75: 140-151.

[189] Sen A K. Poverty: An Ordinal Approach to Measurement [J]. Econo-

metrica, 1976, 44 (2): 219-231.

[190] Sen A. Capabilities, Lists, and Public Reason: Continuing the Conversation [J]. Feminist Economics, 2004, 10 (3): 77-80.

[191] Shah A. A Practitioner's Guide to Intergovernmental Fiscal Transfers [J]. Policy Research Working Paper, 2006, 44 (2): 127-186.

[192] Slunge D, Sterner T. Environmental Fiscal Reform in East and Southern Africa and its Effects on Income Distribution [J]. Environmental Taxes and Fiscal Reform, 2012: 93-122.

[193] Sveikauskas L. The Productivity of Cities [J]. Quarterly Journal of Economics, 1975, 89 (3): 393-413.

[194] Storper M, Lawson V. Commentary: Industrialization, Economic Development, and the Regional Question in the Third World [J]. Economic Geography, 1992, 68 (4): 448-451.

[195] Tanaka S. Environmental Regulations on Air Pollution in China and Their Impact on Infant Mortality [J]. Journal of Health Economics, 2015, 42: 90-103.

[196] Turcu C. Local Experiences of Urban Sustainability: Researching Housing Market Renewal Interventions in three English Neighbourhoods [J]. Progress in Planning, 2012, 78 (3): 101-150.

[197] Union Mondiale Pour La Nature. World Conservation Strategy: Living Resource Conservation for Sustainable Development [M]. IUCN-UNEP-WWF, 1980.

[198] Vogt W. Road to Survival [M]. New York: William Sloan Associates, 1948.

[199] Hitchens D M W N, Clausen J, Fichter K. World Business Council for Sustainable Development (WBCSD) [R]. Springer, Berlin, Heidelberg, 1999.

[200] Westman W E. How Much Are Nature's Services Worth? [J]. Science, 1977, 197 (4307): 960-964.

[201] Wolfslehner B, Vacik H. Mapping Indicator Models: From Intuitive Problem Structuring to Quantified Decision – making in Sustainable Forest Management [J]. Ecological Indicators, 2011, 11 (2): 274-283.

[202] World Commission on Environment and Development (WCED). Our Common Future [M]. Oxford University Press, 1987.

[203] Yeboah-Assiamah E, Musah-sungu I J, Bawole J N, et al. The' Third Sector and Poverty Reduction in Developing Societies: The Experience of Hunger Project in Selected Rural Communities of Ghana [J]. International Journal of Rural Management, 2015, 11 (2): 85-110.

后 记

　　本书的顺利完成，首先，我要特别感谢江西财经大学生态文明研究院肖文海教授和谢花林教授，两位老师对本书的研究框架和研究内容进行了详细指导，并且多次帮助修改。其次，我要特别感谢安徽财经大学金融学院院长万光彩教授、副院长吴鑫育教授，感谢两位老师在科研经费上的大力支持，本书才能够顺利完成。再次，我要感谢江西财经大学姚冠荣副教授和朱丽萌教授，两位老师特别亲切，非常有耐心地帮我解决写作中的困惑，并给我提出非常有价值的指导意见。她们不仅指出书中存在的不足，还思考了该如何进一步改进，提出了非常切实有效的建议。可以说没有她们，这本专著难以完成，在此表示最衷心的感谢。最后，我要特别感谢经济管理出版社的各位编辑们，谢谢你们让这本专著得以出版，更要感谢你们为本专著提出的宝贵建议！

金声甜